AF317553

INSTRUCTION

SUR

L'EXERCICE, LES MANOEUVRES

ET LE SERVICE INTÉRIEUR DES POSTES

A L'USAGE

DE LA GARDE NATIONALE.

DE L'IMPRIMERIE DE DEMONVILLE.

INSTRUCTION

SUR

L'EXERCICE, LES MANOEUVRES

ET

LE SERVICE INTÉRIEUR DES POSTES,

A L'USAGE

DE LA GARDE NATIONALE,

Ouvrage approuvé par M. le Lieutenant-Général commandant en second la Garde Nationale de Paris;

Par M. le Ch^{er} A. LALLEMAND,

CHEF DE BATAILLON, ADJOINT A L'ÉTAT-MAJOR GÉNÉRAL DE LA GARDE NATIONALE DE PARIS.

A PARIS,

CHEZ
{ MAGIMEL, Libraire pour l'Art militaire,
rue de Thionville, n° 9.
Le Suisse de la Bibliothèque impériale.
Et à l'Etat-Major de la Garde Nationale.

1815.

ÉTAT-MAJOR GÉNÉRAL.

Paris, le 29 septembre 1814.

Monsieur,

Par votre lettre du 24 août, vous avez fait connoître à M. le général chef d'état-major, les motifs qui vous ont déterminé à regarder comme
insuffisant le Manuel du Garde national que le
Conseil d'instruction vous avoit chargé d'examiner ; vous lui soumettiez en même temps le plan
d'un ouvrage que vous vous chargiez de rédiger,
et dont le résultat offre des avantages incontes-
tables. Ce plan, qui a obtenu l'approbation du
Général en chef, remplit parfaitement le but
qu'on se propose de mettre entre les mains du
Garde national, une espèce de Code de ses devoirs, qui lui rappèle à chaque instant ce qui lui
est indispensable de savoir pour faire avec exactitude le service qui lui est confié.

Le Général en chef vous autorise et vous invite

à mettre dès ce moment la main à l'œuvre; il de-
sire voir commencer un ouvrage qui, confié à
vos soins, ne peut manquer d'offrir tous les avantages qu'on est en droit d'attendre de votre zèle
éclairé pour le bien du service.

Agréez, Monsienr, l'assurance de ma haute
considération.

Le Maréchal de Camp sous-chef de
l'État-Major,

TOURTON.

GARDE NATIONALE DE PARIS.

ÉTAT-MAJOR GÉNÉRAL.

Paris, ce 12 mai 1815.

Monsieur,

J'ai lu l'Instruction que vous avez rédigée pour la Garde Nationale ; le plan de cet Ouvrage m'a paru remplir le but qu'il étoit nécessaire d'atteindre ; celui de mettre MM. les Gardes Nationaux en mesure d'apprendre avec facilité ce qu'il leur importe de savoir des différentes parties des exercices et évolutions, et de leur indiquer d'une manière précise tout ce qu'ils ont à faire dans le service des postes.

Je verrai donc avec plaisir, que vous le fas-

siez livrer à l'impression, et qu'il puisse devenir le Manuel du Garde National.

J'ai l'honneur de vous saluer, Monsieur, avec une parfaite considération,

Le Lieutenant-général Aide-de-Camp de l'Empereur, commandant en second la garde nationale,

Comte DUROSNEL.

AVERTISSEMENT.

Cet ouvrage, entrepris sous les auspices et d'après les ordres de M. le Lieutenant-Général, commandant en second la Garde-Nationale de Paris, a été fait dans l'intention de rendre l'instruction plus facile et plus prompte, et de la présenter sous des formes moins austères qu'elle ne l'est dans l'ordonnance de 1791.

Tout le monde convient que cette ordonnance est un chef-d'œuvre, et les noms de ses rédacteurs sont proclamés avec orgueil par le militaire français, comme ils sont cités avec respect par l'étranger; mais il faut l'avouer, elle est difficilement applicable, telle qu'elle est, à l'instruction de la Garde-Nationale.

Elle a été rédigée pour des hommes voués en entier au métier des armes et dont tous les instans sont consacrés à ce genre d'étude; mais on ne peut pas exiger de citoyens qui tous ont des obligations que leur imposent leurs fonctions ou leur état, l'assiduité et la longue constance dont il est besoin pour se pénétrer de tous les détails de l'ordonnance, et s'identifier pour ainsi dire avec eux.

Il a donc fallu chercher à réunir les objets qui

dans l'ordonnance sont séparés ; il a fallu, par exemple, fondre l'école de peloton avec celle de bataillon, et en présentant les manœuvres de bataillon, développer ce que les pelotons et les hommes qui les composent ont à faire en raison de la place qu'ils occupent ; il a fallu détailler ce que les chefs ont à commander, ce qu'ils ont à exécuter eux-mêmes, et à faire exécuter.

L'ordonnance présente d'abord les détails, sans indiquer, ni leur emploi, ni leurs rapports avec les masses ; nous, au contraire, nous avons d'abord présenté les masses, et nous avons ensuite développé les parties séparées et les détails dont elles se composent.

Cette marche nous a paru plus propre à instruire promptement des hommes qui n'ont besoin que de connoissances qui ne les intéressent qu'accidentellement.

Elle nous a paru aussi convenir à ceux qui ayant passé quelques années de leur jeunesse dans l'état militaire, n'ont besoin que de se rappeler les choses qu'ils ont bien sues, mais que des occupations différentes ont pour un moment effacées de leur mémoire.

Nous avons insisté de préférence, sur les parties dont l'exécution est indispensable pour donner aux manœuvres l'ensemble et l'espèce de précision dont la Garde-Nationale a besoin , et comme c'est pour les Gardes-Nationales que notre ouvrage est écrit, nous avons cru pouvoir négliger sans inconvénient quelques manœuvres, qui n'ont d'application qu'en rase campagne.

Nous nous sommes attachés, à cet effet, à développer avec le plus de soin, les mouvemens qui sont d'un usage journalier dans les villes, et par lesquels une troupe plus ou moins nombreuse se meut avec facilité dans des passages étroits ou dans des espaces resserrés.

Tout ce qui fait partie de l'École du soldat, dans l'ordonnance, et qui a pour objet les différens pas, le maniement des armes, les charges, les feux, etc., a dû former une partie séparée, par la raison que tous ces détails auroient été trop longs à rappeler, lors de leur application, et qu'ils auroient alors fait perdre de vue la manœuvre principale, ou en auroit distrait trop long-temps.

Nous avons évité le plus possible les renvois, parce qu'ils fatiguent ou qu'ils détournent l'attention, et souvent nous leur avons préféré des répétitions qui n'offrent pas le même inconvénient, surtout dans un ouvrage destiné plutôt à être lu ou consulté, article par article, que lu ou étudié de suite.

Nous avons cherché aussi à présenter les manœuvres dans un ordre tel qu'elles parussent une conséquence les unes des autres, quoique placées dans des groupes différens.

Ainsi, après avoir fait faire au bataillon, dans l'ordre de bataille, les mouvemens préparatoires, ou ceux qui peuvent avoir lieu isolément et à titre d'instruction préliminaire, nous l'avons fait rompre en colonne, par les différens moyens prescrits dans l'ordonnance.

Nous avons mis cette colonne en marche, et nous lui avons fait faire en marchant les divers mouvemens dont elle est susceptible.

Nous avons fait ensuite former cette colonne en bataille de manière à présenter son front sur toutes les faces, et par tous les moyens donnés.

Du bataillon remis en bataille, nous l'avons fait ployer en colonne serrée.

Nous avons mis cette colonne serrée en mouvement, comme nous y avions mis la colonne à distance entière, et nous lui avons fait faire en marchant toutes les manœuvres qui lui sont propres.

Cette colonne serrée se déploie indistinctement, sur un des pelotons qui la composent, sur une ligne de bataille prise à volonté.

Revenu par le déploiement à l'ordre en bataille, le bataillon dans cet ordre change de front pour faire face à différens côtés.

Nous avons ensuite fait marcher le bataillon par le flanc, et par suite fait exécuter les manœuvres qui sont propres à cette disposition pour l'établir en bataille sur plusieurs directions.

Enfin nous avons indiqué quelques manœuvres isolées et qui sont comme le complément de toutes les autres.

Nous avons suivi textuellement les commandemens prescrits par le réglement, nous les avons divisés et disposés de même, d'où il résulte qu'un bataillon de Garde-Nationale, quoique instruit par une méthode différente, peut manœuvrer conjointement avec des bataillons de ligne, et exécuter par les mêmes moyens, avec le même ensemble et la même précision, tous les mouvemens de l'ordonnance de 1791.

' Il étoit nécessaire de donner aussi le plus brièvement possible une instruction séparée sur le service des corps-de-garde, sur les devoirs des officiers et sous-officiers, des caporaux et des sentinelles.

Nous avons suivi presqu'à la lettre ce que prescrit à cet égard l'ordonnance du mois de mars 1768, en modifiant, sous le rapport de la discipline, certains articles en raison de la différence qui existe entre la Garde-Nationale et les troupes de ligne.

Cette partie de notre travail étoit indispensable pour que la Garde-Nationale atteignit, sous le rapport du service et de la police, le but de son institution.

INSTRUCTION

POUR

LES GARDES NATIONALES

DE FRANCE.

PREMIÈRE PARTIE.

PREMIÈRE LEÇON.

Principes d'exercice.

POSITION ET MOUVEMENS DE L'HOMME SANS ARMES.

1. *Position de l'homme.*
2. *Mouvemens de la tête.*
3. *Mouvemens du corps à droite et à gauche.*
4. *Demi-tour à droite.*
5. *Principes du pas direct.*
6. *Principes du pas oblique.*
7. *Marquer le pas.*
8. *Changer le pas.*
9. *Pas en arrière.*

MALGRÉ le peu d'intérêt qu'offrent en apparence les premiers détails dans lesquels nous allons entrer, et qui n'ont pour objet que la partie pour ainsi dire mécanique de l'instruction, ils nous ont cependant paru indispensables, puisque c'est de l'uniformité et de la concordance des mouvemens de chacun en particulier, que dépendent la régularité et l'ensemble dans le mouvement des masses.

Nous allons donc nous occuper, mais très-succinctement, de la position de l'homme, de ses mouvemens, des principes élémentaires des différens pas, de la marche et du maniement des armes.

1. *Position de l'homme.*

L'homme doit avoir les talons sur la même ligne, et rapprochés, autant que sa conformation le permet; les pieds un peu moins ouverts que l'équerre et également tournés en dehors; les genoux tendus, sans les roidir; le corps d'aplomb sur les hanches, et penché en avant; les épaules effacées et également tombantes; les bras pendans naturellement; les coudes près du corps; la paume de la main un peu tournée en dehors; le petit doigt en arrière et contre la couture de la culotte; la tête droite sans être gênée; le menton rapproché du cou sans le couvrir; les yeux fixés à terre, à environ quinze pas devant lui.

2. *Mouvemens de la tête.*

On doit s'habituer à mouvoir la tête à droite ou à gauche sans imprimer de mouvement aux épaules ni au reste du corps.

Pour faire porter la tête à droite, on commande, *tête* ══ A DROITE.

Au commandement A DROITE, l'homme tourne la tête à droite sans brusquer le mouvement, de manière que le coin de l'œil gauche, du côté du nez, réponde à la ligne des boutons de la veste, les yeux fixés sur la ligne des yeux des hommes du même rang.

Pour faire replacer la tête dans la position habituelle ou directe, on commande FIXE.

A ce commandement la tête se replace dans sa position *directe.*

Le mouvement de *tête* ══ A GAUCHE s'exécute de même et par les mêmes principes.

Les mouvemens de tête doivent être faits sans secousse, pour ne pas entraîner les épaules, ce qui pourroit arriver si on les brusquoit.

3. *Mouvemens du corps à droite ou à gauche.*

Les à-droite et les à-gauche s'exécutent en un temps; pour les faire exécuter, on commande :

Par le flanc droit (ou *gauche*).

A DROITE (*ou* A GAUCHE).

Au commandement A DROITE OU A GAUCHE, l'homme tourne *à droite* ou *à gauche* sur le talon gauche, en élevant un peu la pointe du pied, et rapporte en même temps le talon droit à côté du gauche et sur la même ligne.

Ce mouvement ne produit que le quart d'une révolution, de sorte que pour replacer le corps dans la direction où il étoit, il faut faire encore trois fois *par le flanc droit*, ou une fois *par le flanc gauche*.

4. *Demi-tour à droite.*

Le demi-tour à droite s'exécute en deux temps ; on commande :

Demi-tour = A DROITE.

Deux temps.

Premier temps. Au commandement de *demi-tour*, l'homme fait un demi-à-droite, porte le pied droit en arrière, la boucle vis-à-vis et à trois pouces du talon gauche, et saisit en même temps le coin de la giberne avec la main droite.

Second temps. Au commandement de, *à droite*, il tourne sur les deux talons, en élevant un peu les pointes des pieds, les jarrets tendus; il fait face en arrière, et rapporte en même temps le talon droit à côté du gauche, et lâche la giberne.

Au premier temps du demi-tour à droite, lorsque l'homme porte l'arme, il la tourne de la main gauche, comme nous l'expliquerons au premier mouvement de la charge, mais sans y porter la main droite, et la replace dans la position du port d'armes, à l'instant où il rapporte le talon droit à côté du gauche.

1*

Ces mouvemens se font sans déranger la position du corps, qui doit demeurer incliné en avant.

5. *Principes du pas direct.*

On distingue deux sortes de pas, le pas ordinaire et pas accéléré.

La longueur du pas est toujours de deux pieds, à compter d'un talon à l'autre; sa vitesse est de 76 par minute pour le pas ordinaire, et de 100 pour le pas accéléré.

Pour former exactement le pas ordinaire direct, l'homme, au commandement *en avant* $=$ MARCHE, porte vivement, mais sans secousse, le pied gauche en avant, à deux pieds du droit; le jarret tendu, la pointe du pied un peu baissée et légèrement tournée en dehors, ainsi que le genou; il porte en même temps le poids du corps en avant, et pose, sans frapper, le pied gauche à plat, précisément à la distance où il se trouve du pied droit, tout le poids du corps se portant sur le pied qui pose à terre; il ramène ensuite vivement, mais sans secousse, la jambe droite en avant, le pied passant près de terre, le pose à la même distance et de la même manière qu'il vient d'être expliqué pour le pied gauche, et continue de marcher ainsi sans que les jambes se croisent, sans que les épaules tournent, et la tête restant toujours dans la position directe.

Pour arrêter la marche, on commande:

Peloton $=$ HALTE.

Au commandement HALTE, qui est fait à l'instant où l'un ou l'autre pied indifféremment pose à terre, l'homme rapporte le pied qui est derrière à côté de l'autre, sans frapper.

6. *Principes du pas oblique.*

La vitesse du pas oblique est, comme celle du pas ordinaire direct, de 76 par minute; la longueur de ce pas va être indiquée.

L'homme porte le *pied droit* obliquement à droite en

avant, à environ 24 pouces du gauche, observant de tourner un peu la pointe du pied droit en dedans, pour empêcher l'épaule gauche d'avancer, et le pose à terre.

Il porte ensuite le pied gauche, par une ligne droite, à environ 17 pouces du talon droit, et le pose.

Il continue à marcher de cette manière, en ayant la plus grande attention à maintenir les épaules carrément et la tête directe.

Le pas oblique à gauche s'exécute d'après les mêmes principes : l'homme part d'abord du *pied gauche*.

Il résulte de là que le pas oblique n'a réellement que 17 pouces d'un talon à l'autre.

7. *Marquer le pas.*

Lorsque l'on veut marquer le pas, les hommes étant en marche au pas ordinaire ou accéléré, on commande :

Marquez le pas = MARCHE.

Au commandement MARCHE fait à l'instant où le pied gauche (ou droit indifféremment) va poser à terre, les hommes simulent le pas, en rapportant les talons à côté l'un de l'autre sans avancer, et en observant la cadence du pas.

Lorsque l'on veut faire reprendre le pas ordinaire, on commande :

En avant = MARCHE.

Au commandement MARCHE, les hommes reprennent le pas de deux pieds.

8. *Changer le pas.*

Les hommes étant en marche au pas ordinaire, on commande :

Changez le pas = MARCHE.

Au commandement MARCHE, qui est fait à l'instant où le pied va poser à terre, les hommes rapportent vivement le pied qui est derrière, à côté de celui qui vient de poser à terre, et repartent de ce dernier pied.

Ce pas n'est indiqué ici que parce qu'il sert à reprendre le pas.

9. *Pas en arrière.*

Pour faire exécuter le pas en arrière, on commande :

En arrière ⹀ MARCHE.

Au commandement MARCHE, l'homme étant de pied ferme retire vivement le pied gauche en arrière, et le pose à la distance d'un pied, à compter d'un talon à l'autre, et ainsi de suite jusqu'au commandement de HALTE ; à ce commandement l'homme s'arrête, en rapportant le pied qui est en avant à côté de l'autre.

DEUXIÈME LEÇON.

PRINCIPES DES MARCHES.

1. *Marche par le front.*
2. *Marche de flanc.*
3. *Marche oblique.*
4. *Marche en arrière.*
5. *Pas ordinaire et pas accéléré.*

1. *Marche par le front.*

Pour faire marcher un rang par le *front*, on commande :

Peloton en avant ⹀ *guide à gauche* (ou *à droite*) ⹀ MARCHE.

Au commandement de *marche*, le rang part vivement du pied gauche (1).

Chaque homme tient légèrement au coude de son voisin du côté du guide (2).

---

(1) Nous dirons ici, une fois pour toutes, que lorsque l'on n'indique pas, au commandement MARCHE, *pas accéléré*, ce commandement s'exécute toujours au *pas ordinaire*.

(2) *Voyez* 2ᵉ partie, 4ᵉ leçon, section 1ʳᵉ, nᵒ 1, ce que nous

En tenant ainsi coude à coude à son voisin, on est assuré d'être à-peu-près aligné, et il ne se forme pas d'ouverture entre les files.

On doit céder à la pression qui vient du côté du guide, et résister à celle qui vient du côté opposé, pour éviter de rejeter le guide en dehors de la direction.

Si le guide s'écarte, ou si l'on s'en est soi-même écarté, on ne doit rejoindre qu'insensiblement le coude de son voisin de ce côté.

On conserve toujours la tête directe et les yeux fixés à terre, à douze ou quinze pas en avant de soi, de quelque côté que le guide soit indiqué.

Si l'on s'aperçoit qu'on est soi-même trop en avant ou trop en arrière, on doit ne se remettre que peu à peu, en alongeant ou en raccourcissant d'une manière presque insensible son pas.

2. *Marche de flanc.*

Les hommes étant placés sur un rang, coude à coude, si l'on veut les faire marcher par le flanc, on commande :

Peloton par le flanc (*droite* ou *gauche*) = A DROITE (OU A GAUCHE) = MARCHE.

Au commandement A DROITE OU A GAUCHE, ils font *à droite* ou *à gauche.*

Au commandement de MARCHE, ils partent vivement du pied gauche, au pas ordinaire.

Afin d'éviter que les files s'ouvrent, le pied de

---

disons des guides et de leurs fonctions dans les manœuvres : il nous suffira de dire ici que l'on appelle *guide* l'homme qui dans la marche de front est, pour ainsi dire, le point d'appui du rang à l'extrémité duquel il se trouve, et que c'est sa marche et sa direction qui déterminent celles des hommes de ce rang. Il est tantôt à droite et tantôt à gauche ; à volonté quand le peloton marche isolé ; mais quand le peloton fait partie d'une colonne, sa place est déterminée par certaines règles invariables. Dans tous les cas, on indique toujours, par le commandement, de quel côté il est placé.

l'homme qui précède doit, à chaque pas, être remplacé par celui de l'homme qui le suit.

On ne doit pas plier les genoux, pour ne pas marcher sur les talons de l'homme qui précède.

Chaque homme doit marcher de manière que la tête de l'homme qui le précède immédiatement, lui cache celles de tous les autres qui sont devant lui.

Le rang marchant ainsi par le flanc, peut changer de direction à droite ou à gauche.

On commande :

Par file à droite (ou *à gauche*) = MARCHE.

Au commandement MARCHE, le premier homme de la file tourne *à droite* ou *à gauche*, et marche ensuite droit devant lui ; chaque homme vient successivement tourner à la même place que le premier.

On fait aussi exécuter les *à-droite* et les *à-gauche* en marchant ; à cet effet, on commande :

Par le flanc droit (ou *gauche*) = MARCHE.

Au commandement MARCHE, qui est fait sur l'un ou l'autre pied indifféremment, et un peu avant que le pied ne soit prêt à poser à terre, les hommes tournent le corps, posent le pied qui est levé dans la nouvelle direction, et partent de l'autre pied, sans altérer la cadence du pas.

Pour arrêter le rang marchant par le flanc, et le remettre face en tête, on commande :

Peloton = HALTE = FRONT.

Au commandement HALTE, la file s'arrête, et aucun homme ne bouge plus, quand même il auroit perdu sa distance : cette attention est nécessaire pour s'habituer à l'observation continuelle de sa distance.

Au commandement FRONT, chaque homme se remet face en tête par un *à-gauche*, si l'on marche par le flanc droit, et par un *à-droite*, si l'on marche par le flanc gauche.

3. *Marche oblique.*

Les hommes marchant de front, si l'on veut faire

exécuter la marche oblique, soit à droite, soit à gauche, on commande :

Peloton = *oblique à droite* (ou *à gauche*) = MARCHE.

Au commandement MARCHE, fait au moment où *le pied gauche* pose à terre, si l'on doit obliquer *à droite*, et où le pied *droit* pose, si l'on doit obliquer à gauche, les hommes portent *le pied droit* ou *le pied gauche*, suivant le commandement, ainsi que nous l'avons expliqué plus haut (1).

Dans la marche oblique, comme dans la marche directe, le tact des coudes doit toujours se prendre du côté du guide : ainsi chaque homme doit tenir légèrement au coude de son voisin de ce côté.

Le commandement de HALTE se fait et s'exécute comme pour le pas direct.

Cette marche n'a jamais lieu au *pas accéléré*.

4. *Marche en arrière.*

Pour faire exécuter cette marche, on commande :

En arrière = MARCHE.

Au commandement MARCHE, les hommes retirent vivement le pied gauche en arrière, et exécutent tout ce qui est prescrit plus haut (2).

Le tact des coudes se prend toujours, ainsi que dans la marche directe, et dans la marche oblique, du côté du *guide*.

Cette marche que l'on emploie assez fréquemment, soit pour ouvrir les rangs, soit pour les alignemens en arrière, ne s'exécute qu'au pas cadencé ou ordinaire.

5. *Pas ordinaire et pas accéléré.*

On fait passer du pas ordinaire au pas accéléré, et l'inverse, de la manière suivante.

____

(1) 1ʳᵉ Leçon, n° 6.
(2) 1ʳᵉ Leçon, n° 9.

Les hommes étant en marche au pas ordinaire, on commande :

Pas accéléré = MARCHE.

Au commandement MARCHE, qui est fait sur l'un ou l'autre pied indistinctement, les hommes prennent le pas accéléré, qui est, ainsi que nous l'avons déjà dit, de 100 pas par minute.

La marche au pas accéléré s'exécute d'après les mêmes principes qu'au pas ordinaire ; mais l'impulsion du pas accéléré disposant l'homme à s'abandonner, il doit s'attacher à bien régler la cadence de ce pas, et s'habituer à conserver toujours l'aplomb du corps, ainsi que la régularité du pas.

Pour faire reprendre le pas ordinaire, on commande :

Pas ordinaire = MARCHE.

Au commandement MARCHE, fait indistinctement sur l'un ou l'autre pied, les hommes reprennent le pas ordinaire.

La troupe étant en marche au pas ordinaire, on l'arrête par les commandemens et les moyens prescrits ci-dessus (1).

Pour arrêter la marche au pas accéléré, le commandement HALTE se fait un instant avant que le pied (droit, ou le gauche indifféremment) soit près de poser à terre, et il s'exécute comme au pas ordinaire (2).

____

(1) *Voyez* 1re Leçon, n° 5.

(2) Il est bon d'observer ici qu'au commandement de HALTE, dans quelque circonstance qu'il ait lieu, les hommes, en s'arrêtant, portent l'arme d'eux-mêmes et sans autre commandement ; ce principe est général et ne doit jamais se perdre de vue.

TROISIÈME LEÇON.

PRINCIPES DES ALIGNEMENS.

1. *A droite ou à gauche alignement.*
2. *En arrière à droite ou à gauche alignement.*

1. *A droite ou à gauche alignement.*

Les alignemens se prennent indifféremment à droite, ou à gauche ; ils peuvent avoir lieu successivement homme par homme, ou ensemble pour tout le rang.

Les alignemens successifs n'ont lieu ordinairement que pour faire mieux comprendre les principes de l'alignement ; après avoir expliqué d'abord le mécanisme de l'alignement successif, nous en ferons l'application.

Les hommes étant en rang, on fait, si l'on veut aligner à droite, avancer à deux pas les trois premiers hommes de l'aile droite, et les ayant alignés, on avertit successivement chaque homme de se porter sur l'alignement des trois premiers.

Chaque homme, à l'avertissement qui lui est fait de se porter sur l'alignement, tourne la tête et les yeux à droite, dans la position prescrite dans la *première leçon*, n° 2, marche dans la cadence du pas ordinaire, deux pas en avant, en raccourcissant le dernier, de manière à se trouver à environ six pouces en arrière du nouvel alignement qu'il ne doit jamais dépasser ; il se porte ensuite par de petits pas, les jarrets tendus, tranquillement et sans saccade, à côté de l'homme auquel il doit appuyer, de manière que (sans déranger la position de sa tête) la ligne de ses yeux, ainsi que celle de ses épaules, se trouve dans la direction de celle de son voisin, et de manière à sentir légèrement son coude sans ouvrir le sien.

L'alignement à gauche se prend d'après les mêmes principes.

Cela bien entendu, il sera facile d'exécuter ensemble ce mouvement.

Au commandement :

A droite = ALIGNEMENT.

Le rang tout entier, à l'exception des trois hommes placés d'avance pour servir de base d'alignement, se porte au pas ordinaire sur la nouvelle ligne, et s'y place tranquillement, d'après les principes prescrits ci-dessus.

Lorsque le plus grand nombre des hommes est aligné, on fait le commandement :

FIXE.

A ce commandement, les hommes replacent la tête et les yeux dans la position directe et reprennent l'immobilité.

On commande ensuite aux hommes qui ne seraient pas alignés : *Telle file* (ou *telles files*), *rentrez* ou *sortez*, en les désignant par leurs numéros : la file, ou les files désignées seulement portent aussitôt l'œil sur le rang du côté de l'alignement, pour juger de combien elles doivent avancer ou reculer, se placent tranquillement sur la ligne, et replacent ensuite la tête dans la position directe.

Le commandement FIXE a toujours lieu après les alignemens.

Les alignemens en arrière se prennent d'après les mêmes principes.

Au commandement :

En arrière à droite (*à gauche*) = ALIGNEMENT.

Les hommes partent en arrière d'après les principes du pas en arrière, prennent le tact des coudes, et portent la tête du côté de la base d'alignement : ils se portent un peu en arrière de la ligne, s'arrêtent, et s'y replacent ensuite par des petits mouvemens en avant, comme nous venons de l'expliquer.

Pour s'aligner correctement, il est essentiel d'observer :

1º D'arriver tranquillement sur la ligne ;

2° De ne pencher ni le corps en arrière, ni la tête en avant ;

3° De ne tourner la tête que le moins possible, et seulement de manière à voir la ligne des yeux ;

4° De ne dépasser jamais l'alignement ;

5° Au commandement FIXE, de cesser tout mouvement, quand même on ne seroit pas aligné ;

6° Qu'au commandement *telle file* ou *telles files*, *rentrez* ou *sortez*, celles qui n'auront pas été désignées ne bougent pas.

QUATRIÈME LEÇON.

PRINCIPES DES CONVERSIONS.

1. *Conversions de pied ferme.*
2. *Conversions en marchant.*
3. *Changer de direction du côté du guide.*

1. *Conversion de pied ferme.*

On appelle *conversion de pied ferme*, le mouvement par lequel des hommes placés en rang se meuvent circulairement sans se désunir, et sans perdre l'alignement, autour du point fixe formé par l'une des deux extrémités du rang.

D'après cela, il est aisé de voir,

1° Que chaque homme doit décrire un cercle d'autant plus grand, qu'il est plus éloigné du pivot, et d'autant plus petit, qu'il en est plus rapproché ;

2° Que l'homme le plus éloigné du pivot, ayant le plus grand cercle à décrire, mais ne pouvant faire que des pas de deux pieds, chaque homme placé entre lui et le pivot doit raccourcir son pas en raison de sa place dans le rang, afin de n'arriver qu'en même temps au terme de sa révolution ;

3° Que l'homme placé au pivot doit tourner sous lui-même, sans changer de place, en marquant autant de pas qu'en font les hommes placés dans le rang ;

qu'il doit se conformer au mouvement de l'aile marchante, et résister à la pression ;

4° Que les hommes, pour ne point se désunir, conserver leur alignement et proportionner leur pas en exécutant la conversion, doivent toujours sentir le coude de leur voisin du côté du pivot, et avoir la tête et les yeux tournés du côté de l'aile marchante ;

5° Que dans les conversions *à droite*, c'est *la gauche* du rang qui marche, et le dernier homme *de la droite* qui sert de pivot ; et que dans les conversions *à gauche*, *la droite* marche, et l'homme de *gauche pivote* (1).

Passons à l'application.

Pour faire exécuter ce mouvement *à droite*, la troupe étant de pied ferme, on commande :

Par peloton à droite = MARCHE.

Au commandement MARCHE, les hommes partent du pied gauche, et tournent en même temps la tête un peu à gauche, les yeux fixés sur la ligne des yeux des hommes qui sont à leur gauche.

L'homme qui est au pivot ne fait que marquer le pas, en se conformant au mouvement de l'aile marchante. L'homme qui conduit cette aile, marche le pas de deux pieds ; avance dès le premier pas un peu l'épaule gauche ; jette les yeux sur le terrain qu'il doit parcourir, et de temps en temps sur le rang, et sent toujours le coude de l'homme qui est à côté de lui, mais légèrement, et sans jamais le pousser.

Les autres hommes doivent sentir légèrement le coude de leur voisin du côté du pivot, résister à la pression qui vient du côté opposé, et se conformer au mouvement de l'aile marchante, en faisant le pas d'autant plus petit, qu'ils sont plus près du pivot.

Pour faire converser à gauche, on commande :

Par peloton à gauche = MARCHE.

---

(1) *Voyez* Leçon 3ᵉ, nᵒ 1.

Ce mouvement s'exécute par les mêmes moyens et d'après les mêmes principes.

Lorsqu'on veut arrêter la conversion, on commande :

1. *Peloton* = HALTE.

A ce commandement, le rang s'arrête, et aucun homme ne bouge plus jusqu'au commandement :

A gauche (ou *à droite*) = ALIGNEMENT.

A ce commandement, le rang se place sur l'alignement des hommes qui doivent servir de base, en se conformant aux principes prescrits, pour les alignemens.

On commande ensuite FIXE (1).

Il est de principe après les conversions de prendre l'alignement du côté opposé au pivot, ainsi si l'on a conversé *à droite*, après avoir placé l'homme de gauche exactement dans la direction du pivot, on commande *à gauche* = ALIGNEMENT ; et si l'on a conversé *à gauche*, on commande et on exécute l'inverse.

2. *Conversions en marchant.*

On appelle *conversion en marchant*, le mouvement par lequel des hommes placés en rang se meuvent circulairement, pour changer de direction en marchant, et sans cesser de gagner du terrain en avant.

Établissons d'abord ses rapports et ses différences avec la *conversion du pied ferme.*

Il faut, dans l'une et dans l'autre, que le mouvement s'exécute sans désunion dans le rang, et sans perte sensible d'alignement ; que le dernier homme de l'aile marchante fasse toujours le pas de deux pieds ; que les hommes racconrcissent leur pas suivant qu'ils sont plus ou moins rapprochés du pivot et qu'ils ont des cercles plus ou moins grands à décrire ;

____

(1) *Voyez* 3e Leçon, n° 1.

qu'ils se conforment au mouvement de l'aile marchante; et qu'ils aient la tête et les yeux tournés de son côté.

Dans la *conversion en marchant*, le tact des coudes, au lieu de se prendre du côté du pivot, se prend du côté de l'aile marchante (1) ; et comme tout *en conversant*, on doit gagner du terrain, le pivot, au lieu de rester à la même place et de marquer le pas, fait en tournant des pas de six pouces, et décrit un petit cercle (2 , 3).

Les conversions en marchant n'ont lieu que du côté opposé au guide, c'est à-dire, que l'on converse *à droite*, lorsque le guide est *à gauche*, et *à gauche*, lorsqu'il est *à droite*.

Pour faire exécuter une conversion en marchant, on commande :

A droite (ou *à gauche*) *conversion* $=$ MARCHE.

Le commandement, *à droite conversion*, se fait deux pas avant d'arriver au point de la conversion.

Au commandement MARCHE, fait au point où l'on doit converser, la conversion s'exécute comme nous venons de le dire; le tact des coudes reste du côté du guide, au lieu de se prendre du côté du pivot; l'homme qui est au pivot, au lieu de tourner sur place, se conforme au mouvement de l'aile marchante, en sentant légèrement le coude de son voisin, et en faisant le pas de six pouces; il décrit ainsi un petit cercle et gagne du terrain en avant, de manière à dégager le

---

(1) *Voyez* 4e Leçon . n° 1, 2e partie.

(2) Nous verrons leçon 4e, section 1re, n° 3, 2e partie, en traitant de la marche en colonne, les motifs de cette différence, et nous reviendrons encore sur tous ces principes, en en faisant l'application.

(3) Dans les *conversions de pied ferme*, les pas décroissent de l'extrémité du rang au pivot, suivant une progression de 24 pouces à 0, et dans les *conversions en marchant*, suivant une progression de 24 pouces à 6. Ainsi, en supposant un rang de 13 hommes, les pas décroîtront de deux pouces dans la *conversion de pied ferme*, et de 18 lignes dans la *conversion en marchant*.

point de la conversion ; dans ce mouvement le milieu du rang cintre un peu en arrière.

Lorsque la conversion est achevée, on commande :

En avant ═ MARCHE.

Le commandement *en avant*, se prononce deux pas avant que la conversion soit achevée.

A celui de MARCHE qui se fait à l'instant où la conversion est achevée, l'homme qui conduit l'aile marchante se dirige droit en avant : l'homme du pivot, ainsi que tout le reste du rang, reprennent le pas de deux pieds, et replacent la tête directe.

Les conversions *à gauche* se font d'après les mêmes principes, mais par les moyens inverses.

3. *Changemens de direction du côté du guide.*

Ce mouvement a lieu lorsque le rang doit changer de direction du côté où se trouve son guide, c'est-à-dire, lorsqu'ayant le guide à gauche, il doit *tourner à gauche*, ou qu'ayant le guide à droite, il doit *tourner à droite*.

Dans cette circonstance, le guide *tourne* en marchant par le simple mouvement *de flanc droit* ou *de flanc gauche*, et continue à marcher dans cette nouvelle direction en faisant toujours le pas de deux pieds, comme s'il étoit isolé, et sans s'occuper du rang dont il fait partie.

Il faut donc que chaque homme, à commencer par celui qui est le plus près du guide, vienne, par un mouvement accéléré, reprendre sa place dans le rang et se rallier successivement à ceux qui y sont rentrés avant lui ; le rang est donc désuni, le tact des coudes est rompu, et ne peut se reprendre que successivement.

Il résulte de là que ce mouvement diffère entièrement *de la conversion*, dans laquelle les hommes ne sont jamais désunis, et ne changent point la cadence de leur pas.

Leur désignation n'est pas la même, puisqu'on appelle l'un *tourner* et l'autre *converser* (1).

Pour faire changer de direction du côté du guide, on commande :

Tournez à gauche (ou *à droite*) = MARCHE.

Le commandement, *tournez à droite* (ou *à gauche*), se fait deux pas d'avance, comme pour les conversions.

Au second commandement MARCHE, qui se prononce à l'instant où le rang doit tourner, le guide fait *à gauche* ou *à droite* en marchant, et se prolonge dans la nouvelle direction, sans ralentir ni accélérer la cadence, sans alonger ni raccourcir la mesure du pas. Tout le reste du rang se conforme promptement, mais sans courir à la nouvelle direction du guide; et, pour cet effet, chaque homme avance l'épaule opposée au guide; prend le pas accéléré, pour se porter dans la nouvelle direction ; tourne la tête et les yeux du côté du guide; joint le coude de son voisin du même côté, en se plaçant sur l'alignement du guide, dont il prend le pas, et replace ensuite la tête et les yeux dans la position directe; chaque homme arrive ainsi successivement sur l'alignement du guide.

Lorsque le mouvement est achevé, le rang continue à marcher dans sa nouvelle direction, sans qu'il soit besoin de faire, comme après *les conversions*, le commandement *en avant* = MARCHE.

La raison en est simple, c'est que dans les conversions, le guide doit continuer *à converser*, et par conséquent déterminer le mouvement circulaire du rang, jusqu'à ce qu'on ait commandé *en avant* ; au lieu que dans le mouvement de *tourner*, le guide ne faisant qu'un mouvement de flanc, le rang se trouve dans la direction où il doit être dès qu'il s'est rallié à lui (2).

Par le mouvement *de conversion*, on peut décrire

---

(1) Nous reviendrons encore sur cet objet dans la Leçon 4, section 1re, n° 3, 2e partie.

(2) *Voyez* Leçon 1re. n° 2.

un cercle entier, et par celui *de tourner*, on ne le pourroit qu'en répétant quatre fois successivement le même commandement *tournez*.

CINQUIEME LEÇON.

PRINCIPES DU PORT D'ARMES ET DES CHARGES.

1. *Principes du port d'armes.*
2. *Charge en douze temps.*
3. *Charge précipitée.*
4. *Charge à volonté.*

1. *Principes du port d'armes.*

L'homme étant dans la position indiquée plus haut, l'arme sera placée dans la main gauche, le bras très-peu ployé, le coude en arrière et joint au corps, sans le serrer; la paume de la main serrée contre le plat extérieur de la crosse, son tranchant extérieur dans la première articulation des doigts, le talon de la crosse entre le premier et le second doigt, le pouce par-dessus les deux derniers doigts sous la crosse, qui sera appuyée plus ou moins en arrière, suivant la conformation de l'homme, de manière que l'arme, vue de face, reste toujours perpendiculaire, et que le mouvement de la cuisse en marchant ne puisse pas la faire lever ni vaciller; la baguette au défaut de l'épaule, le bras droit pendant naturellement.

Quoique nous ne nous soyons pas astreins à suivre rigoureusement la marche de l'Ordonnance, nous allons, ainsi qu'elle, commencer par démontrer la charge en douze temps, parce que beaucoup des mouvemens dont elle se compose se retrouvent dans les autres parties du maniement des armes.

2. *Charge en douze temps.*

Il est nécessaire d'observer que l'exécution de chaque commandement ne forme qu'un temps; mais que ce temps est divisé en mouvemens, afin que le mécanisme en soit plus facile à saisir et à retenir.

La dernière syllabe du commandement décide l'exécution brusque et vive du premier mouvement. Dès que l'on connoît bien la position des divers mouvemens d'un temps, on les exécute de suite et sans s'arrêter sur chacun ; mais on doit toujours observer le mécanisme, afin d'assurer l'arme, et pour éviter les inconvéniens qui résultent de ce qu'on appelle *escamoter l'arme.*

Pour faire exécuter la charge en douze temps, on commande d'abord :

Charge en douze temps.

Et ensuite :

Premier commandement

Chargez = VOS ARMES.

Deux mouvemens.

Premier mouvement. A ce commandement, l'homme doit faire un demi-à-droite sur le talon gauche, placer en même temps le pied droit en équerre derrière le talon gauche, la boucle appuyant contre le talon ; tourner l'arme avec la main gauche, la platine en dessus, et saisir en même temps la poignée du fusil avec la main droite, l'arme d'aplomb et détachée de l'épaule ; laisser la main gauche sous la crosse.

Deuxième mouvement. Abattre l'arme avec la main droite dans la main gauche, qui vient en même temps la saisir à la première capucine ; le pouce alongé le long du bois ; la crosse sous l'avant-bras droit ; la poignée du fusil contre le corps, à environ deux pouces au dessous du teton droit ; le bout du canon à hauteur de l'œil ; la sougarde un peu en dehors ; le coude appuyé sur le côté, en même temps que l'arme tombe dans la main gauche ; le pouce de la main droite se place contre la batterie au dessus de la pierre, les quatre autres doigts fermés ; l'avant-bras droit le long de la crosse.

Deuxième commandement.

Ouvrez = LE BASSINET.

Un mouvement.

Découvrir le bassinet, en poussant fortement la batterie avec le pouce de la main droite, la main gauche résistant et contenant l'arme : retirer aussitôt le coude droit en arrière ; porter la main à la giberne, en la passant entre la crosse et le corps ; ouvrir la giberne.

Troisième commandement.

Prenez = LA CARTOUCHE.

Un mouvement.

Prendre la cartouche entre le pouce et les deux premiers doigts, et la porter tout de suite entre les dents, la main droite passant entre la crosse et le corps.

Quatrième commandement.

Déchirez = LA CARTOUCHE.

Un mouvement.

Déchirer la cartouche jusqu'à la poudre, la tenant près de l'ouverture, entre le pouce et les deux premiers doigts ; la descendre tout de suite, et la placer perpendiculairement contre le bassinet, la paume de la main droite tournée vers le corps, le coude droit appuyé sur la crosse.

Cinquième commandement.

AMORCEZ.

Un mouvement.

Baisser la tête, porter l'œil sur le bassinet, le remplir de poudre, resserrer la cartouche près l'ouverture avec le pouce et le premier doigt, relever la tête et porter la main droite derrière la batterie, en appuyant les deux derniers doigts contre.

Sixième commandement.

Fermez = LE BASSINET.

Un mouvement.

Résister de la main gauche; fermer fortement le bassinet avec les deux derniers doigts, tenant toujours la cartouche entre les deux premiers et le pouce; saisir tout de suite la poignée du fusil avec les deux derniers doigts et la paume de la droite, le poignet droit joint au corps, le coude en arrière et un peu détaché du corps.

Septième commandement.

L'arme = A GAUCHE.

Deux mouvemens.

Premier mouvement. Redresser l'arme le long de la cuisse gauche, en appuyant fortement sur la crosse avec le talon de la main droite et en étendant vivement le bras droit, sans baisser l'épaule droite; tourner en même temps la baguette vers le corps; ouvrir la main gauche et laisser couler l'arme dans cette main jusqu'à la seconde capucine, le chien portant sur le pouce de la main droite; faire en même temps *face en tête*, en tournant sur le talon gauche, et porter le pied droit en avant, le talon contre la boucle du pied gauche.

Deuxième mouvement. Lâcher alors le fusil de la main droite, descendre l'arme avec la main gauche le long et près du corps, remonter en même temps la main droite à hauteur et à un pouce de distance du canon; poser la crosse à terre sans frapper, la main gauche appuyée au corps au-dessous du dernier bouton de la veste, l'arme touchant la cuisse gauche, le bout du canon vis-à-vis le milieu du corps.

Huitième commandement.

Cartouche = DANS LE CANON.

Un mouvement.

Porter l'œil sur le bout du canon, tourner brusquement le dessus de la main droite vers le corps, pour renverser la poudre dans le canon, en élevant le coude à hauteur du poignet; secouer la cartouche, l'enfoncer dans le canon, et laisser la main renversée, les doigts fermés sans les serrer.

Neuvième commandement.

Tirez ⚌ LA BAGUETTE.

Deux mouvemens.

Premier mouvement. Baisser vivement le coude droit, et saisir la baguette entre le pouce et le premier doigt ployé, les autres fermés; la tirer vivement en alongeant le bras, les ongles en l'air; la ressaisir par le milieu entre le pouce et le premier doigt, la main renversée, la paume de la main en avant, et la tourner rapidement entre la baïonnette et le visage en fermant les doigts; les baguettes des hommes du second et du troisième rang rasant l'épaule droite de l'homme qui est immédiatement devant eux dans leur file; la baguette droite et parallèle à la baïonnette; le bras tendu; les yeux en l'air; le gros bout de la baguette vis-à-vis l'embouchure du canon sans y être engagé.

Deuxième mouvement. Mettre le gros bout de la baguette dans le canon, et l'y enfoncer jusqu'à la main.

Dixième commandement.

BOURREZ.

Un mouvement.

Etendre le bras de sa longueur, en remontant la main droite pour saisir la baguette avec le pouce alongé, le premier doigt ployé et les autres fermés; la chasser avec force dans le canon deux fois de suite, et la ressaisir par le petit bout, entre le pouce et le premier doigt ployé, les autres fermés; le coude droit joint au corps.

Onzième commandement.

Remettez ⚌ LA BAGUETTE.

Deux mouvemens.

Premier mouvement. Comme au premier mouvement de *tirez la baguette;* porter le petit bout de la baguette à l'entrée des tenons, sans l'y engager.

Deuxième mouvement. Engager le petit bout dans le tenon, et faire glisser la baguette avec le pouce, remonter vivement la main, la placer un peu ployée sur le gros bout.

Douzième commandement.

Portez = VOS ARMES.

Trois mouvemens.

Premier mouvement. Elever l'arme avec la main gauche le long du corps, la main gauche à hauteur de l'épaule, le coude gauche ne quittant pas le corps, le canon en dehors; descendre en même temps la main droite pour saisir l'arme à la poignée.

Deuxième mouvement. Elever l'arme de la main droite, lâcher alors la main gauche, la descendre et la porter sous la crosse; rapporter en même temps le talon droit à côté du gauche et sur le même alignement; appuyer l'arme avec la main droite contre l'épaule, dans la position indiquée pour le port d'armes, la main droite touchant l'arme à la poignée, sans la serrer.

Troisième mouvement. Laisser tomber vivement la main droite le long de la cuisse, dans la position prescrite.

3. *Charge précipitée.*

Dans la charge précipitée, au lieu de distinguer et de séparer les douze temps de la charge, on les a divisés en quatre parties, et son objet est de rendre prompte l'exécution de tous les temps, en s'habituant pourtant à mettre plus de soin et d'attention à ceux qui sont les plus importans, comme d'amorcer, de mettre avec soin la cartouche dans le canon, et de bourrer

Elle s'exécute en quatre temps, et se commande ainsi qu'il suit :

Charge précipitée, en quatre temps, chargez = ARMES.

A ce premier commandement, exécuter le premier temps de la charge, découvrir le bassinet, prendre la cartouche, la déchirer, la descendre près du bassinet, et amorcer.

Au commandement DEUX.

Fermer le bassinet, passer l'arme à gauche, mettre la cartouche dans le canon., la secouer et l'enfoncer.

Au commandement TROIS.

Tirer la baguette, la faire entrer dans le canon jusqu'à la main, et bourrer deux coups.

Au commandement QUATRE.

Remettre la baguette, et porter l'arme.

4. *Charge à volonté.*

Au commandement

Charge à volonté , chargez = ARMES.

Cette charge s'exécute comme la charge précipitée, mais de suite, et sans s'arrêter sur les quatre temps marqués.

Observations...

On doit s'attacher à charger avec calme et sang-froid; sans précipitation, car, dans ce cas, elle nuit à la célérité ; en se modérant, on ne laisse pas tomber de cartouches en les prenant dans la giberne ; on tourne la baguette sans accrocher celles des hommes qu'on a en face ou à côté de soi; on bourre mieux : on ne manque ni l'embouchure du canon, ni l'entrée du tenon ; on ne répand point de poudre, soit en amorçant, soit en chargeant son arme.

Il est extrêmement essentiel aussi de mettre une grande régularité dans l'exécution des mouvemens et dans la position du corps, pour ne point embarrasser ses voisins, et n'être point gêné soi-même.

SIXIÈME LEÇON.

POSITION DES TROIS RANGS DANS LES FEUX

1. *Position du premier rang.*
2. *Position du second rang.*
3. *Position du troisième rang.*
4. *Mettre en joue et faire feu.*

1. *Position du premier rang.*

Au commandement.

Apprêtez ═ VOS ARMES.

Trois mouvemêns.

Premier mouvement. Les hommes du premier rang doivent tourner l'arme, la platine en dessus, avec la main gauche; la saisir avec la main droite à la poignée, comme au premier mouvement de la charge, et rester *face en tête*, en tournant seulement la pointe du pied gauche un peu en dedans.

Deuxième mouvement. Porter vivement le pied droit en arrière, le talon en l'air, les doigts du pied ployés; poser le genou à terre à dix ou douze pouces en arrière, et à environ six pouces sur la droite du talon gauche, observant de ne pas tomber brusquement; descendre en même temps l'arme avec la main droite, la saisir avec la main gauche à la première capucine; poser la crosse à terre sans frapper; la placer devant la cuisse droite, de manière que le bec de la crosse soit vis-à-vis le talon gauche; saisir en même temps le chien avec le pouce et le premier doigt de la main droite.

Troisième mouvement. Armer, en appuyant fortement sur la tête du chien, avec le pouce et le premier doigt.

2. *Position du second rang.*

Au commandement,

Apprêtez ═ VOS ARMES.

Trois mouvemens.

Premier mouvement. Les hommes du second rang

doivent faire comme au premier mouvement de la charge.

Deuxième mouvement. Apporter l'arme avec la main droite au milieu du corps ; placer la main gauche, le petit doigt joignant le ressort de la batterie, le pouce allongé le long du bois à hauteur du menton, la contre-platine tournée presque vers le corps, la baguette vers le front du bataillon ; porter en même temps le pouce de la main droite sur la tête du chien ; le premier doigt au-dessous et contre la sous-garde, les trois autres doigts joints au premier.

Troisième mouvement. Fermer vivement le coude droit en armant, et saisir l'arme à la poignée.

3. *Position du troisième rang.*

Au commandement,

Apprêtez = VOS ARMES.

Trois mouvemens.

Les hommes du troisième rang font *les trois mouvemens* comme ceux du second rang.

4. *Mettre en joue et faire feu.*

Les trois rangs étant disposés comme nous venons de le dire,

On commande,

JOUE.

Un mouvement.

À ce commandement, les hommes des trois rangs doivent abaisser brusquement le bout du canon, glisser vivement la main gauche jusqu'à la première capucine, appuyer la crosse contre l'épaule droite, le bout du canon un peu baissé, les coudes abattus sans être serrés au corps ; fermer l'œil gauche, diriger l'œil droit le long du canon, abaisser la tête sur la crosse pour ajuster, placer le premier doigt sur la détente.

Les hommes du troisième rang seulement porteront en même temps le pied droit à huit pouces sur la droite, vers le talon gauche de l'homme qui est à côté d'eux.

2*

Dans cette position, Si l'on ne veut pas faire faire feu, on commande :

Redressez = VOS ARMES.

Un mouvement.

Les hommes redressent fortement l'arme, et reprennent la position du troisième mouvement d'*apprêter vos armes*.

Si au contraire on doit faire feu,

Au commandement,

FEU.

Un mouvement.

Les hommes doivent appuyer avec force le premier doigt sur la détente, sans baisser davantage la tête ni la détourner, et rester dans cette position.

On commande ensuite :

CHARGEZ.

Un mouvement.

Retirer brusquement l'arme, et prendre la position du deuxième mouvement du premier temps de la charge, excepté que le pouce de la main droite, au lieu de se placer contre la batterie, saisit la tête du chien avec le premier doigt ployé, et les autres doigts fermés. Le premier rang se relève vivement sans pencher le corps en avant, mais en effaçant l'épaule droite, afin de ne point rencontrer l'arme du deuxième rang, et le troisième rang rapporte le pied droit derrière le gauche, la boucle contre le talon.

Dans cette position, si l'on doit recharger les armes, on commande :

Le chien = AU REPOS.

Un mouvement.

A ce commandement,

Relever le chien jusqu'au cran du repos ; prendre garde de ne pas l'armer, porter aussitôt la main à la giberne, en la passant entre la crosse et le corps, et ouvrir la giberne.

Lorsqu'au lieu de faire charger les armes, on veut les faire porter, on commande :

Portez = VOS ARMES.

Au commandement *portez*, les hommes mettent le chien au repos, comme il vient d'être expliqué, ferment le bassinet, et saisissent le fusil à la poignée ; à celui de VOS ARMES, ils portent les armes vivement, et font face en tête.

SEPTIEME LEÇON.

FEUX.

1. *Feux directs.*
2. *Feux obliques à droite.*
3. *Feux obliques à gauche.*
4. *Feux de deux rangs.*

1. *Feux directs.*

Les feux sont ou directs ou obliques, et s'exécutent ainsi que nous allons l'expliquer.

Pour les feux directs, on fait les commandemens suivans :

1. *Peloton* ou *bataillon* = ARMES. = JOUE. = FEU. = CHARGEZ.

Ces divers commandemens s'exécutent comme nous venons de le dire dans la leçon précédente.

Au commandement JOUE, les hommes prennent la position qui a été indiquée, suivant le rang dans lequel ils se trouvent placés ; après celui de CHARGEZ, ils chargent les armes et les portent.

2. *Feux obliques à droite.*

Les feux obliques s'exécutent à droite et à gauche, et par les mêmes commandemens que les feux directs, avec cette seule différence, que le commandement JOUE est précédé chaque fois du commandement d'avertissement, *oblique à droite ou à gauche*, qui est fait aprés celui ARMES ; à cet avertissement , les hommes du troisième rang fixent les yeux sur le créneau où ils doivent mettre en joue.

Dans les feux obliques à droite, au commandement ARMES , les trois rangs exécutent ce qui leur a été prescrit pour le feu direct.

Premier rang. Au commandement JOUE , le premier rang dirige le bout du canon à droite , en inclinant le genou gauche en dedans , sans déranger les pieds.

Deuxième rang. Le deuxième rang dirige de même le bout du canon à droite sans bouger les pieds.

Troisième rang. Le troisième rang avance le pied gauche d'environ six pouces, et vers la pointe du pied droit de l'homme du second rang de sa file ; il avance aussi le corps en pliant un peu le genou gauche , et dirige le bout du canon à droite.

Les trois rangs effacent l'épaule droite.

Dans cette position les deux derniers rangs sont prêts à tirer dans le même créneau que dans le feu direct , quoique dans une direction oblique.

Au commandement CHARGEZ , les trois rangs reprennent la position qui leur a été prescrite dans le feu direct ; le troisième rapporte le pied gauche, le talon contre la boucle du pied droit , en retirant l'arme.

3. *Feux obliques à gauche.*

Dans les feux obliques à gauche au commandement ARMES , les trois rangs exécutent ce qui leur a été prescrit pour le feu direct.

Au commandement JOUE , le premier dirige le bout du canon à gauche , sans incliner le genou ni bouger les pieds.

Le deuxième rang met en joue dans le créneau à gauche de son chef de file , sans bouger les pieds.

Le troisième rang avance le pied gauche d'environ six pouces et vers le talon droit de l'homme du second rang de sa file ; il avance aussi le haut du corps en pliant un peu le genou gauche, et met en joue dans le créneau à gauche de son chef de file.

Les trois rangs effacent l'épaule gauche.

Dans cette position, les deux derniers rangs sont prêts à tirer dans le créneau à gauche de leur chef de file, et dans une direction oblique.

Au commandement CHARGEZ, les trois rangs retirent leurs armes dans la position oblique où elles se trouvent, et amorcent dans cette position ; le troisième rang rapporte le pied gauche, le talon contre la boucle du pied droit, en passant l'arme à gauche : les trois rangs prennent la même position que dans le feu direct.

Observation.

Il est nécessaire que le troisième rang porte le pied gauche à six pouces en avant, et avance le haut du corps, afin d'éviter les accidens ; parce que, sans cette précaution, les armes du troisième rang ne déborderoient pas suffisamment le premier rang, dans la position oblique où elles se trouvent.

4. *Feux de deux rangs.*

Le feu de deux rangs s'exécute par les deux premiers rangs; le troisième ne faisant que charger et passer l'arme au second rang, ne tire point : au moyen de cette disposition, le premier rang tire debout.

On fait les commandemens suivans :

Feux de deux rangs. ⚏ *Peloton* ⚏ ARMES ⚏ *commencez le feu.*

Au commandement ARMES, les trois rangs prennent la position prescrite par les deuxième et troisième rangs, dans les feux directs et obliques.

Au commandement, *commencez le feu*, l'homme du premier et celui du second rang mettent en joue ensemble et font feu. L'homme du troisième rang ne devant pas tirer, ne fait que charger et passer son arme à celui du second rang.

L'homme du premier rang charge vivement son arme, et tire de nouveau, puis recharge son arme, fait feu de nouveau, et ainsi de suite.

L'homme du second rang, après avoir fait feu, passe son arme de la main droite à celui du troisième rang de sa file ; celui-ci la prend de la main gauche et passe la sienne de la main droite à l'homme du second rang, lequel tire avec l'arme de celui du troisième rang, la charge ensuite, et tire un second coup avec la même arme, qu'il repasse aussitôt à l'homme du troisième rang, ainsi de suite : en sorte que l'homme du deuxième rang tire toujours deux coups de suite avec la même arme, avant de la repasser à l'homme du troisième rang, excepté la première fois.

Après le premier feu, l'homme du premier et celui du second rang de chaque file ne s'astreignent plus à tirer ensemble.

Les trois rangs feront toujours face en tête, en passant l'arme à gauche, et après avoir chargé, ils prennent la position indiquée ci-dessus : à cet effet, chaque homme ayant remis la baguette, élève son arme de la main gauche, la laissant glisser dans cette main qui se place contre le ressort de la batterie à hauteur du menton, en même temps qu'il fait un demi-à-droite pour revenir à la position prescrite, et que le pouce de la main droite se place sur la tête du chien pour armer, le petit doigt au-dessous et contre la sousgarde. L'homme du troisième rang passe toujours son fusil à celui du second rang, sans être armé.

On fait cesser le feu par un roulement.

A ce roulement, on ne tire plus, chaque homme met son arme au repos, la charge ou achève de la charger, si elle ne l'est pas, et la porte ; les hommes du second et du troisième rang ayant attention de reprendre leur propre arme.

Observation.

Lorsqu'on exécute les feux à poudre, on doit, en mettant le chien au repos, observer avec soin si la fumée sort par la lumière ; c'est une indication sure que le coup est parti : si la fumée ne sortoit pas, au lieu de recharger, on passeroit derrière le rang pour épingler et amorcer de nouveau.

Si, croyant le coup parti, on avoit mis une seconde charge, il seroit facile de s'en apercevoir en bourrant, par la hauteur de la charge ; dans ce cas, on passeroit également derrière, et l'on déchargeroit l'arme avec un tire-bourre.

HUITIÈME LEÇON.

MANIEMENT DES ARMES.

1. *Présenter les armes.*
2. *Reposer sur les armes.*
3. *Inspection des armes.*
4. *Poser les armes à terre et les relever.*
5. *Placer les armes en faisceau et les reprendre.*
6. *L'arme au bras : l'arme à volonté.*
7. *Remettre la baïonnette ; la baïonnette au canon.*
8. *Croiser la baïonnette.*
9. *L'arme sous le bras gauche.*
10. *Descendre les armes.*

1. *Présenter les armes.*

Pour présenter les armes, au commandement de *présentez = VOS ARMES.*

Deux mouvemens.

Premier mouvement. Comme le premier mouvement de la charge, excepté que l'homme reste face en tête.

Deuxième mouvement. Achever de tourner l'arme avec la main droite, pour l'apporter d'aplomb vis-à-vis l'œil gauche, la baguette en avant, le chien à hauteur du dernier bouton de la veste, la main droite empoignant l'arme au-dessous et contre la sous garde, l'empoigner en même temps brusquement avec la main gauche, le petit doigt contre le ressort de la batterie, le pouce allongé le long du canon, contre la monture, l'avant-bras collé au corps sans être gêné, rester *face en tête* sans bouger les pieds.

Portez ⹀ VOS ARMES.

Deux mouvemens.

Premier mouvement. Tourner l'arme avec la main droite, le canon en dehors, l'élever et le placer contre l'épaule gauche avec la main droite, descendre la main gauche sous la crosse, la main droite restant libre sur la poignée.

Deuxième mouvement. Laisser tomber vivement la main droite à sa position.

2. *Reposer sur les armes.*

L'homme ayant l'arme portée, si on veut le faire reposer sur ses armes, on commande :

Reposez-vous ⹀ SUR VOS ARMES.

Deux mouvemens.

Premier mouvement. Descendre l'arme en alongeant vivement le bras gauche, la saisir en même temps avec la main droite au-dessus et près de la première capucine ; lâcher l'arme de la main gauche, et la porter vivement vis-à-vis l'épaule droite, la baguette en avant, le petit doigt derrière le canon, la crosse à trois pouces de terre, la main droite appuyée à la hanche, l'arme d'aplomb, la main gauche pendante sur le côté.

Deuxième mouvement. Laisser glisser l'arme dans la main, la laisser tomber sans frapper, et prendre la position qui va être indiquée.

La main basse, le canon entre le pouce et le premier doigt alongé le long de la monture, les trois autres doigts alongés et joints, le bout du canon à environ deux pouces de l'épaule droite, la baguette en avant, le talon de la crosse à côté et contre la pointe du pied droit, l'arme d'aplomb.

Lorsqu'on veut faire reposer dans cette position, on commande :

REPOS.

A ce commandement, l'homme passe la main droite étendue sur la baguette, et appuie le bout du canon contre l'épaule droite.

Lorsque l'on veut ensuite faire passer de l'état de repos à celui de l'immobilité, on commande:

Garde à vous = PELOTON.

Au commandement PELOTON, l'homme reprend la position de *reposez sur les armes.*

3. *Inspection des armes.*

L'homme étant dans la position de *reposer sur les armes*, au commandement,

Inspection = DES ARMES.

Un mouvement.

Faire un à-droite et demi (presqu'un demi tour à-droite) sur le talon gauche, en portant le pied droit à six pouces du gauche perpendiculairement en arrière de l'alignement, les pieds en équerre; saisir l'arme brusquement de la main gauche à la hauteur du dernier bouton de la veste; incliner le bout du canon en arrière sans que la crosse bouge, la baguette tournée vers le corps; porter en même temps la main droite à la baïonnette, la saisir par la douille et la branche, de manière que l'extrémité de la douille dépasse le talon de la main d'un pouce, et qu'en la tirant le pouce s'alonge sur la lame; l'arracher du fourreau, la porter et la fixer au bout du canon; saisir aussitôt la baguette, et la tirer comme il est expliqué *à la chage en douze temps;* la laisser glisser dans le canon, et se remettre aussitôt face en tête dans la position de *reposez sur les armes.*

Alors on inspecte successivement l'arme de chaque homme, en passant devant le rang.

Chaque homme, à mesure que la personne qui inspecte, passe devant lui, élève vivement son arme de la main droite, la saisit avec la main gauche entre la première capucine et le ressort de la batterie, la platine en dehors, la main gauche à hauteur du menton, l'arme vis-à-vis l'œil gauche : l'inspecteur la prend et la lui rend après l'avoir examinée ; l'homme la reprend de la main droite, et la replace à la position de *reposez sur les armes.*

Lorsque l'inspecteur l'a dépassé, il remet de lui-même la baguette, en reprenant la position prescrite au commandement d'*inspection des armes ;* après quoi il se remet face en tête.

Si, au lieu de faire l'inspection des armes, on veut seulement faire mettre la baïonnette au bout du canon, on commande :

Baïonnette ⸺ AU CANON.

Un mouvement.

Prendre la position indiquée ci-dessus, mettre la baïonnette au bout du canon, comme il a été expliqué, et se remettre aussitôt face en tête.

Si, la baïonnette étant au bout du canon, on veut faire mettre la baguette dans le canon pour faire l'inspection des armes après avoir tiré, on commande :

Baguette ⸺ DANS LE CANON.

Deux mouvemens.

Mettre la baguette dans le canon, comme il a été expliqué ci-dessus, et faire aussitôt face en tête ; la remettre ensuite successivement, à mesure que l'arme de chaque homme aura été inspectée.

On n'élève pas l'arme pour la présenter à l'inspecteur lorsqu'il passe devant lui : l'inspecteur devant seulement examiner si l'arme n'est point chargée, il peut, pour s'en assurer, prendre la baguette par le petit bout, et la faire sauter dans le canon.

4. *Poser les armes à terre et les relever.*

Au commandement :

Vos armes ⸺ A TERRE.

Deux mouvemens.

Premier mouvement. Tourner l'arme de la main droite, la contre-platine en avant ; saisir en même temps le coin de la giberne avec la main gauche ; courber le corps brusquement ; avancer le pied gauche, le talon vis à-vis la première capucine ; poser l'arme à terre droit devant soi avec la main droite, le talon de la crosse restant toujours à hauteur de la pointe du pied droit, le jarret droit un peu ployé, le talon droit élevé.

Deuxième mouvement Se relever, rapporter le pied gauche à côté du droit, lâcher la bretelle de la giberne, et laisser tomber les deux mains à leur position.

Relevez ⚊ VOS ARMES.

Deux mouvemens.

Premier mouvement. Comme le premier mouvement de *vos armes à terre.*

Deuxième mouvement. Relever l'arme, rapporter le pied gauche à côté du droit, et tourner aussitôt l'arme avec la main droite, la baguette en avant ; lâcher en même temps la giberne, et laisser tomber la main gauche à sa position.

Portez ⚊ VOS ARMES.

Deux mouvemens.

Premier mouvement. Elever vivement l'arme de la main droite, la porter contre l'épaule gauche en la faisant tourner, pour que le canon se trouve en dehors ; placer en même temps la main gauche sous la crosse et descendre la main droite contre la batterie.

Deuxième mouvement. Laisser tomber la main droite vivement à sa position.

Il est aisé de sentir que ce mouvement d'armes ne peut avoir lieu qu'à rangs ouverts. Mais il est beaucoup moins en usage depuis qu'on a adopté la manière de mettre les armes, par file, en faisceau : cette méthode réunit à l'avantage de la promptitude, celui de moins exposer les armes à l'humidité ou à la poussière.

Ce mouvement d'armes n'est pas détaillé dans l'ordonnance, mais nous croyons devoir l'expliquer ici puisqu'il a à-peu-près remplacé celui de *poser les armes à terre.*

5. *Mettre les armes par file en faisceau et les reprendre.*

La troupe étant reposée sur les armes, si on veut les faire mettre en faisceau, on commande :

Par file formez = LES FAISCEAUX.

A ce commandement chaque rang exécute les mouvemens suivans :

Premier rang. Les hommes du premier rang exécutent le premier mouvement de l'inspection des armes.

Deuxième rang. Les hommes du second rang font par le flanc droit.

Troisième rang. Les hommes du troisième rang ne bougent pas.

Dans cette position, chaque homme incline en avant le bout du canon de son fusil, et enlace sa baïonnette, de manière que celle du fusil du troisième passant sous celles des fusils du second et du premier rangs qui sont déjà croisées, les soutienne, et que chaque faisceau soit formé de trois fusils; l'homme du premier rang ne déplace pas la crosse de son fusil, afin que la ligne de bataille soit correcte.

Lorsque les armes sont ainsi placées et soutenues l'une par l'autre, les deux premiers rangs font face en tête, et l'on commande ensuite :

En arrière = MARCHE.

A ce commandement, les trois rangs se portent à six pas en arrière du rang des faisceaux.

Les sergens de remplacement, les serre-files, le porte-drapeau, et les guides-généraux, placent leurs armes, le drapeau et les fanions au faisceau de la file la plus près d'eux.

Lorsque l'on bat le rappel, les hommes se rassemblent derrière les faisceaux, chaque file correspondant au sien, et à la distance de six pas.

Au commandement,

Prenez vos armes = MARCHE,

Les trois rangs se portent en avant, et lorsque

chaque homme est rentré à sa place, il reprend son arme par le même mouvement qu'il l'a posée, et la reporte dans la position de l'arme au pied à l'état de repos.

Pour éviter que les armes ne tombent, l'homme du troisième rang saisit avec la main les douilles des trois baïonnettes, jusqu'à ce que les hommes du premier et du second rangs aient posé la main sur leurs armes.

6. *L'arme au bras ; l'arme à volonté.*

L'arme étant portée, si l'on doit mettre l'arme au bras, on commande :

L'arme ⚊ AU BRAS.

Trois mouvemens.

A ce commandement :

Premier mouvement. Empoigner brusquement l'arme à quatre pouces au-dessous de la platine, sans tourner l'arme et en l'élevant un peu.

Deuxième mouvement. Quitter la crosse de la main gauche, placer l'avant-bras gauche étendu sur la poitrine contre le chien, la main sur le teton droit.

Troisième mouvement. Laisser tomber la main droite vivement à sa position.

L'arme ⚊ A VOLONTÉ.

C'est la manière dont la troupe en marche porte ses armes.

A ce commandement, porter l'arme indifféremment sur l'une ou l'autre épaule, d'une ou des deux mains ; l'extrémité du canon en l'air.

L'arme ⚊ AU BRAS.

A ce commandement, on remettra vivement *l'arme au bras.*

Portez ⚊ VOS ARMES.

Trois mouvemens.

Premier mouvement. Porter brusquement la main droite à la poignée de l'arme.

Deuxième mouvement. Placer brusquement la main gauche sous la crosse.

Troisième mouvement. Laisser tomber la main droite vivement à sa position ; descendre en même temps l'arme avec la main gauche à la position du port d'armes.

7. *Remettre la baïonnette ; baïonnette au canon.*

Au commandement :

Remettez = LA BAÏONNETTE.

Trois mouvemens.

Premier mouvement. Descendre l'arme en allongeant le bras gauche, la saisir en même temps avec la main droite, au-dessus et près de la première capucine, comme au premier mouvement de *reposez sur les armes.*

Deuxième mouvement. Descendre l'arme de la main droite le long de la cuisse gauche ; la saisir de la main gauche, au-dessus de la droite, pour prendre la position du second mouvement de *l'arme à gauche ;* mais sans placer le talon droit devant la boucle du pied gauche ; ôter la baïonnette avec la main droite, la remettre dans le fourreau, et laisser la main droite près de la douille.

Troisième mouvement. Elever l'arme de la main gauche, la saisir à la poignée avec la main droite, et porter l'arme.

Baïonnette = AU CANON.

Trois mouvemens.

Premier mouvement. Comme le premier mouvement de *remettez la baïonnette.*

Deuxième mouvement. Comme le second mouvement de *remettez la baïonnette*, excepté que la main droite saisit la douille de la baïonnette, comme il a été prescrit à *l'inspection des armes*, pour l'arracher du fourreau et la porter brusquement au bout du canon ; laisser la main droite à la branche de la baïonnette.

Troisième mouvement. Porter l'arme comme il a été expliqué au troisième mouvement de *remettez la baïonnette.*

8. *Croiser la baïonnette.*

Au commandement :

Croisez = LA BAÏONNETTE.

Deux mouvemens.

Premier mouvement. Comme le premier mouvement du premier temps de la charge, empoigner l'arme à deux pouces au-dessous du chien.

Deuxième mouvement. Abattre l'arme avec la main droite dans la main gauche, qui la saisira un peu en avant de la première capucine, le canon en dessus, le coude gauche près du corps, la main droite appuyée sur la hanche droite, la pointe de la baïonnette à hauteur de l'œil. Les hommes du second et du troisième rang auront attention que la pointe de leur baïonnette ne touche point l'homme qui est devant eux.

Portez = VOS ARMES.

Deux mouvemens.

Premier mouvement. Tourner sur le talon gauche pour se remettre *face en tête* ; rapporter le talon droit à côté du gauche, redresser en même temps l'arme de la main droite, la porter à l'épaule gauche, et placer la main gauche sous la crosse.

Deuxième mouvement. Laisser tomber la main droite vivement à sa position ; descendre en même temps l'arme avec la main gauche à la position du port d'armes.

9. *L'arme sous le bras gauche.*

Ce mouvement a lieu dans les cérémonies funèbres, ou lors de la pluie, pour éviter que la batterie ne soit mouillée : il faut, avant de le commander, faire *remettre la baïonnette.*

Au commandement :

L'arme sous le bras = GAUCHE.

Deux mouvemens.

Premier mouvement. Saisir brusquement l'arme avec la main droite, le pouce sur la contre-platine, et le premier doigt contre le chien ; détacher en même temps l'arme de l'épaule, le canon en dehors, sans que le bec de la crosse change de place ; la saisir avec la main gauche à la première capucine, le pouce alongé sur la baguette, l'arme d'aplomb vis-à-vis l'épaule, le coude gauche joint à l'arme.

Deuxième mouvement. Renverser l'arme, la passer sous le bras gauche, la main restant à la première capucine, le pouce appuyé sur la baguette pour l'empêcher de glisser, le petit doigt appuyé à la hanche, la main droite tombant en même temps à sa position.

Portez = VOS ARMES.

Un temps et deux mouvemens.

Premier mouvement. Relever l'arme de la main gauche sans trop brusquer ce mouvement, pour éviter que la baguette ne s'échappe des tenons ; la saisir de la main droite à la poignée pour l'appuyer contre l'épaule, quitter en même temps l'arme de la main gauche, et la placer brusquement sous la crosse.

Deuxième mouvement. Laisser tomber la main droite vivement à sa position ; descendre en même temps l'arme avec la main gauche à la position du port d'armes.

10. *Descendre les armes.*

Lorsque la troupe étant en marche doit traverser des passages trop bas pour que l'on puisse conserver l'arme au bras, on a recours à ce moyen.

Au commandement :

Descendez = VOS ARMES.

Deux mouvemens.

Premier mouvement. Comme le premier mouvement de *reposez sur les armes.*

Deuxième mouvement. Incliner un peu le bout du canon en avant, la crosse en arrière et à environ trois pouces de terre; la main droite appuyée à la hanche, contient l'arme de manière que les baïonnettes des hommes du second et du troisième rang ne touchent pas ceux qui sont devant eux.

Portez ⚌ VOS ARMES.

Au commandement *portez*, redresser l'arme perpendiculairement dans la main droite; au commandement *vos armés*, exécuter ce qui a été prescrit pour les porter, en partant de la position de *reposez sur les armes.*

NEUVIEME LEÇON.

MANIEMENT DE L'ARME DES SOUS-OFFICIERS.

Les sous-officiers ont toujours, ainsi que la troupe, la baïonnette au bout du fusil.

Les sous-officiers de remplacement, ceux qui sont en serre-file, ainsi que ceux attachés à la garde du drapeau, portent l'arme comme nous allons l'indiquer.

Port de l'arme.

L'arme dans le bras droit et au défaut de l'épaule, le canon en arrière et d'aplomb, la baguette en dehors, le bras presque allongé, la main droite embrassant le chien et la sous-garde, la crosse à plat le long de la cuisse droite, la main gauche pendant sur le côté.

Présentez ⚌ VOS ARMES.

Deux mouvemens.

Premier mouvement. Porter l'arme avec la main droite d'aplomb vis-à-vis l'œil gauche, la baguette en avant, le chien à hauteur du dernier bouton de la veste; saisir en même temps l'arme brusquement avec la main gauche, le petit doigt de cette main contre le ressort de la batterie, le pouce allongé le long du canon contre la monture, l'avant-bras gauche collé au corps sans être gêné; rester face en tête sans bouger l's pieds.

Deuxième mouvement. Saisir l'arme de la main droite au-dessous et contre la sous-garde.

Portez = VOS ARMES.

DEUX MOUVEMENS.

Premier mouvement. Glisser la main gauche jusqu'à la hauteur de l'épaule, et porter avec cette main l'arme d'aplomb contre l'épaule droite; empoigner avec la main droite le chien et la sous-garde, le bras droit presque allongé.

Deuxième mouvement. Laisser tomber la main gauche dans le rang.

Reposez-vous = SUR VOS ARMES.

DEUX MOUVEMENS.

Premier mouvement. Porter brusquement la main gauche à la capucine du milieu, détacher un peu l'arme de l'épaule avec la main droite, lâcher en même temps la main droite, descendre l'arme de la main gauche, la ressaisir avec la main droite au-dessus de la première capucine d'en bas, le pouce droit sur le canon pour l'empoigner, les quatre doigts allongés sur le bois, l'arme d'aplomb, la crosse à trois pouces de terre, le talon de la crosse dirigé sur le côté de la pointe du pied droit, et laisser tomber la main gauche dans le rang.

Deuxième mouvement. Laisser glisser l'arme dans la main droite, en ouvrant un peu les doigts, de manière que le talon de la crosse se place à côté et contre la pointe du pied droit.

Vos armes = A TERRE.

Comme les hommes qui sont dans le rang.

Relevez = VOS ARMES.

Comme les hommes qui sont dans le rang.

Portez = VOS ARMES.

Deux mouvemens.

Premier mouvement. Elever l'arme perpendiculairement avec la main droite à hauteur du teton droit, vis-à-vis de l'épaule, à deux pouces du corps, le coude droit y restant joint ; saisir l'arme de la main gauche au-dessous de la main droite, à la première capucine, et aussitôt descendre la main droite pour empoigner la sous-garde et le chien, en appuyant l'arme à l'épaule, le bras droit presqu'allongé.

Deuxième mouvement. Laisser tomber la main gauche dans le rang.

L'arme = AU BRAS.

Trois mouvemens.

Premier mouvement. Porter l'arme en avant avec la main droite entre les deux yeux et d'aplomb, la baguette en dehors ; saisir l'arme de la main gauche à la première capucine d'en bas ; la relever à hauteur du menton, et empoigner en même temps l'arme de la main droite, à quatre pouces au-dessous de la platine.

Deuxième mouvement. Retourner l'arme avec la main droite, le canon en dehors, l'appuyer à l'épaule gauche, et passer l'avant-bras gauche horizontalement sur la poitrine, entre la main droite et le chien, qui sera appuyé sur l'avant-bras gauche, la main gauche sur le teton droit.

Troisième mouvement. Laisser tomber la main droite dans le rang.

Portez = VOS ARMES.

Trois mouvemens.

Premier mouvement. Empoigner l'arme avec la main droite au-dessous et contre l'avant-bras gauche.

Deuxième mouvement. Porter l'arme avec la main droite d'aplomb contre l'épaule droite, la baguette en avant ; la saisir avec la main gauche à la hauteur de l'épaule droite, tourner en même temps la main droite pour empoigner la sous-garde et le chien, le bras droit presque allongé.

Troisième mouvement. Laisser tomber la main gauche dans le rang.

MANIEMENT DE L'ARME DES CAPORAUX.

Lorsque les caporaux sont dans le rang, ils portent l'arme comme le soldat ; mais s'ils sont en serre-file, ou s'ils marchent à la tête d'une troupe ou d'une pose de sentinelles, ils portent le fusil dans le bras droit, comme les sergens ; le caporal étant au port d'armes du soldat, doit au commandement :

Portez l'arme = COMME SERGENT.

Trois mouvemens.

Premier mouvement. Saisir l'arme avec la main droite, en tournant la platine en dessus, comme au premier mouvement de *présentez* = VOS ARMES.

Deuxième mouvement. Porter l'arme d'aplomb avec la main droite contre l'épaule droite, la baguette en dehors, le bras droit presque allongé ; la saisir avec la main gauche à la hauteur de l'épaule, tandis que la main droite empoigne le chien et la sous-garde.

Troisième mouvement. Laisser tomber la main gauche dans le rang.

Portez l'arme = COMME SOLDAT.

Trois mouvemens.

Premier mouvement. Détacher l'arme de l'épaule droite, la porter d'aplomb entre les deux yeux ; la saisir avec la main gauche à hauteur de la cravate ; prendre avec la main droite l'arme à la poignée, la fixant à hauteur du dernier bouton de la veste, la baguette en avant.

Deuxième mouvement. Elever l'arme avec la main

droite, le pouce allongé le long de la contre-platine;
tourner le canon en dehors; placer l'arme contre l'é-
paule gauche; descendre en même temps la main
gauche sous la crosse.

Troisième mouvement. Laisser tomber la main droite
sur le côté.

DIXIÈME LEÇON.

MANIEMENT DE L'ÉPÉE DES OFFICIERS.

MANIEMENT DU DRAPEAU.

1. *Maniement de l'épée.*
2. *Maniement du drapeau.*

1. *Maniement de l'épée.*

Port de l'épée dans le rang.

La poignée dans la main droite, qui sera placée à
hauteur et contre la hanche droite, la lame appuyée
contre l'épaule.

Reposez-vous = SUR VOS ARMES.

Renverser la main et la poignée, les ongles en dessus, le bras droit tendu, la pointe de la lame un peu
en avant et à deux pouces de terre.

Port de l'épée hors du rang.

La poignée dans la main droite placée en avant de
la hanche droite, la lame dans la main gauche, la
pointe dépassant de quatre doigts le pouce de la
main gauche allongée sur la lame; le coude gauche
plié, l'avant-bras un peu en avant, la main gauche
vis-à-vis et à quatre pouces plus bas que l'épaule
gauche (1).

____

(1) Voyez Leçon 13e, n° 2, le salut de l'épée.

2. *Maniement du drapeau.*

Manière de tenir le drapeau reposé.

Dans les rangs, les porte-drapeau, soit de pied ferme, soit en marchant, portent le talon du drapeau à la hanche droite.

Lorsque la troupe est en bataille, les armes reposées, le porte-drapeau tient le drapeau de la main droite élevée à la hauteur du teton, le coude au corps, et le talon du drapeau à côté de la pointe du pied droit.

Porter le drapeau.

Au commandement de *portez* = ARMES, le porte-drapeau le porte à la hanche droite en deux mouvemens.

Premier mouvement. Elever le drapeau de la main droite à la hauteur du menton; le saisir de la main gauche à la hauteur du dernier bouton de la veste; l'élever aussitôt de cette main à hauteur du menton, et descendre la main droite pour le saisir à hauteur du dernier bouton de la veste, le drapeau d'aplomb.

Deuxième mouvement. Le placer sur la hanche droite, dans la position prescrite pour le porter, la main gauche pendant derrière l'épée.

Reposer le drapeau.

Au commandement *reposez* = ARMES, le porte-drapeau pose son drapeau en deux mouvemens.

Premier mouvement. Détacher le drapeau de la hanche droite, le porter perpendiculairement devant soi; le saisir de la main gauche, un demi-pied au-dessus de la main droite pour l'abaisser de la gauche, et le porter d'aplomb à côté de la pointe du pied droit : le saisir aussitôt de la main droite à hauteur du teton, le talon à trois pouces de terre, la main gauche tombant en même temps derrière l'épée.

Deuxième mouvement. Laisser glisser le drapeau, le talon à côté de la pointe du pied droit, la main droite contenant toujours le drapeau, et placée à la hauteur du teton, le coude au corps.

Manière de porter le drapeau.

Toutes les fois qu'un bataillon rend les honneurs, on porte le drapeau à la hanche droite : toutes les fois qu'un bataillon est en bataille, on porte le drapeau à l'épaule droite, le bras droit alongé, le talon dans la main droite.

Salut du drapeau.

Lorsque le drapeau doit rendre les honneurs, les porte-drapeau saluent de la manière suivante :

La personne que l'on doit saluer étant éloignée de six pas, baisser la lance ou l'aigle sur une ligne horizontale restant face en tête, sans que le talon du drapeau quitte la hanche ; relever doucement le drapeau, lorsque la personne est dépassée de deux pas.

DEUXIÈME PARTIE.

PREMIÈRE LEÇON.

FORMATION ET COMPOSITION D'UN PELOTON, D'UN BATAILLON ET D'UNE LÉGION.

1. *Formation et composition d'un peloton.*
2. *Place des officiers et sous-officiers.*
3. *Composition d'un bataillon.*
4. *Place des officiers supérieurs du bataillon.*
5. *Composition d'une légion.*
6. *Place des officiers supérieurs dans l'ordre de bataille.*
7. *Place des sapeurs, tambours et musiciens.*

Dans la première partie nous avons expliqué tout ce qu'il importe de savoir pour pouvoir exécuter les manœuvres avec quelque régularité; c'est, l'ordonnance à la main, et dans les mêmes termes, que nous avons détaillé les principes de la position des hommes sans armes; les principes du pas, de la marche, du port et du maniement des armes; nous avons cherché à rendre plus clair, et à développer ce qui n'est que prescrit, sans explication, dans l'ordonnance; il nous reste, dans cette seconde partie, à faire l'application de tous ces principes, en nous réservant toutefois de donner encore de nouveaux développemens à ceux qui sont la base de tous les mouvemens, non-seulement pour les mieux graver dans la mémoire, mais encore pour faire remarquer leur importance.

1. *Formation et composition d'un peloton.*

Un peloton est une portion de bataillon; il se compose d'un certain nombre d'hommes, disposés sur deux ou trois rangs (1).

Nous allons prendre pour exemple un peloton, composé de quarante-huit hommes, y compris huit caporaux ; plus, un capitaine, un lieutenant, un sous-lieutenant, un sergent-major, quatre sergens et un fourrier.

Un peloton se divise en deux parties égales, qui prennent la dénomination de première et deuxième section.

Les hommes doivent être placés dans le peloton d'après leur rang de taille, de manière que les plus grands soient au premier rang, ceux de la moyenne taille au troisième, et les plus petits dans le milieu.

Pour les établir ainsi avec plus de facilité, on les dispose d'abord sur un seul rang, les plus grands à la droite, et les plus petits ensuite.

On divise ce rang en trois portions égales ; la première portion, composée des hommes les plus grands, forme le premier rang.

La seconde, composée des hommes de la moyenne taille, forme le troisième rang ; et la troisième, composée des hommes les plus petits, forme le second rang.

Pour placer ces trois rangs les uns derrière les autres, après qu'on les a divisés et marqués, on commande :

Second et troisième rang, *par le flanc droit* ⸗ A DROITE.

A ce commandement, le premier rang ne bouge pas, les deux autres rangs font *à droite* ; le premier homme du troisième rang déboîte *en dehors*, en avançant fortement l'épaule gauche ; et celui du second rang déboîte *en dedans*, en avançant fortement l'épaule droite.

Ces rangs ainsi disposés, on commande : *en avant, deuxième rang, pas accéléré ; troisième rang, pas ordinaire.* ⸗ MARCHE.

____

(1) D'après l'ordre du général en chef, la garde nationale se forme sur trois rangs.

3*

A ce commandement, chaque rang se porte à la hauteur du premier homme du premier rang, et, quoique le deuxième rang ait pris le pas accéléré, comme la distance qu'il a à parcourir est double de celle que doit parcourir le troisième, et que le pas accéléré n'est pas le double en vitesse du pas ordinaire, le troisième rang parvient le premier à la hauteur du premier homme du premier rang, et il doit marquer le pas jusqu'à ce que le second rang soit arrivé au même point ; alors on commande : *second et troisième rangs.* = HALTE. = FRONT. = *A droite.* = ALIGNEMENT.

Par ce moyen, un peloton de quarante-huit hommes, tel que nous venons de le supposer, est formé de trois rangs composés chacun de seize hommes ou seize *files*.

Lorsqu'il n'y a qu'un rang, chaque homme forme *une file*; lorsqu'il y a deux rangs, *la file* se compose des deux hommes de chaque rang, qui sont l'un derrière l'autre, et par conséquent sur trois rangs, la file se compose de trois hommes.

Lorsque le peloton est ainsi disposé, les officiers, sous-officiers et caporaux se placent comme il suit.

2. *Place des officiers et sous-officiers.*

Dans l'ordre de bataille, le capitaine au premier rang, à la droite de son peloton.

Le lieutenant, en serre-file, à deux pas en arrière du centre de la deuxième section.

Le sous-lieutenant, de même en serre-file, à deux pas en arrière du centre de la première section.

Le premier sergent à la droite du troisième rang, derrière le capitaine. (Dans les évolutions, ce sergent prend le nom de sergent de remplacement.)

Le deuxième sergent, en serre-file, à deux pas derrière l'avant-dernière file de gauche du peloton. (Ce sergent, dans les évolutions, fait les fonctions et prend la dénomination de guide de gauche.)

Le troisième sergent, à la droite du sous-lieutenant, en serre-file, à la hauteur de la deuxième file de droite de la première section.

Le quatrième sergent, à la gauche du sous-lieutenant, en serre-file, à la hauteur de l'avant-dernière file de gauche de la première section.

Le sergent-major, aussi en serre-file, à la droite du lieutenant, à la hauteur de la deuxième file de droite de la deuxième section.

Le fourrier, à la garde du drapeau.

Les caporaux se placent, d'après leur rang de taille; savoir : un à la droite, et un à la gauche de chaque rang, et les deux autres au centre du peloton, formant, l'un la *gauche* du premier rang de la première section, et l'autre la *droite* du premier rang de la deuxième section (1).

Les officiers et sous-officiers ainsi placés, le chef de peloton fait numéroter les hommes du premier rang, de la droite à la gauche, de manière que le premier homme porte le n° 1, et ainsi de suite. Les hommes du second et du troisième rangs prennent le numéro de l'homme qui est devant eux au premier rang, puisqu'ils forment la même file.

Cet ordre de numéro est invariable; la première file est toujours nommée *première file*, soit qu'elle marche la première, soit qu'elle marche la dernière, et ainsi des autres.

Les trois rangs disposés, comme il est dit ci-dessus,

-----

(1) Nous venons de donner ici la formation du peloton telle qu'elle est prescrite par l'ordonnance, qui n'admet qu'un peloton par compagnie; mais dans la garde nationale, chaque compagnie forme deux pelotons : le capitaine commande le premier; le lieutenant le second; le premier sous-lieutenant commande la seconde section du premier peloton, et le deuxième sous-lieutenant la seconde section du second; le premier sergent, sous-officier de remplacement, et le deuxième, guide de gauche du premier peloton; le troisième et le quatrième sergent, placés de même au second peloton. Le sergent-major en serre-file derrière la première section du premier peloton, et le fourrier en serre-file derrière la troisième section. (Les fourriers des grenadiers et des quatre compagnies du second bataillon, forment la garde du drapeau). Les huit caporaux sont répartis dans chacun des pelotons, au premier rang, à la droite et à la gauche des sections.

si l'on veut aligner le peloton isolément ; le capitaine et les trois premières files de droite, se portent à trois ou quatre pas en avant ; on les aligne correctement, et on commande ensuite au reste du peloton :

A droite = ALIGNEMENT.

Au commandement d'ALIGNEMENT, les hommes portent vivement la *tête à droite*, sentent légérement le coude de l'homme qui est à leur *droite*, partent ensemble du *pied gauche*, et se portent, au *pas ordinaire*, à la hauteur du troisième rang ; ils s'y arrêtent et arrivent ensuite, par de petits mouvemens accélérés et sans secousse, sur la base d'alignement ; ils ont soin de conserver le *tact des coudes et la tête à droite* ; et ils ne rapportent la tête *directe* qu'au commandement de *fixe*.

Les *alignemens à gauche* se font d'après les mêmes principes, et par les moyens inverses.

3. *Formation du bataillon.*

Un bataillon de la garde nationale se compose de cinq compagnies, formant dix pelotons, y compris deux pelotons de grenadiers.

Les compagnies se placent suivant leur ordre de numéro de la droite à la gauche. Les pelotons sont numérotés en commençant par la droite ; cet ordre de numéro reste invariable, et le premier peloton, soit qu'il marche le premier, soit qu'il marche le dernier, est toujours désigné *premier peloton* ; il en est de même des autres.

Dans un bataillon les pelotons sont placés immédiatement et sans intervalle à côté l'un de l'autre.

Chaque bataillon se divise en deux demi-bataillons, désignés par les noms de *demi-bataillon de droite* et de *demi-bataillon de gauche.*

4. *Place du chef de bataillon, des officiers d'état-major d'un bataillon, et du drapeau.*

Le chef de bataillon, au centre de son bataillon, à vingt pas en arrière des serre-files.

L'adjudant-major, au centre du demi-bataillon de droite, à huit pas en arrière des serre-files.

L'adjudant, au centre du demi-bataillon de gauche, également à huit pas des serre-files.

Le rapporteur et le secrétaire du conseil de discipline de bataillon à la droite de chaque bataillon, à quelques pas du premier peloton, à la hauteur du *premier rang*.

Les tambours, sur deux rangs, à quinze pas derrière le sixième peloton.

Le drapeau, dont la garde est formée des fourriers des quatre compagnies de grenadiers et des quatre fourriers du bataillon du drapeau, se place à la gauche du cinquième peloton, s'il marche avec un seul bataillon, et à la gauche du cinquième peloton du second bataillon, s'il marche avec les quatre bataillons réunis d'une légion.

Les trois files qui composent sa garde, sont comptées dans celles du peloton dont il fait partie.

5. *Composition d'une légion.*

Une légion se compose de quatre bataillons; ces quatre bataillons se placent par ordre de numéro, de la droite à la gauche, à la distance de huit toises.

6. *Place des officiers supérieurs.*

Chaque chef de bataillon, ainsi que nous l'avons dit, à vingt pas derrière le centre de son bataillon.

Le chef de légion à trente pas en arrière, vis-à-vis l'intervalle qui sépare le deuxième et le troisième bataillons.

Le major à la droite du chef de légion, et l'adjudant-major à sa gauche.

L'officier-payeur de la légion, le capitaine-rapporteur et le capitaine-secrétaire du conseil supérieur de discipline de la légion, à la droite de la légion, à quelques pas du premier peloton et à la hauteur du premier rang.

7. *Place des sapeurs, des tambours et des musiciens.*

Dans les manœuvres, les sapeurs de chaque bataillon se placent à la droite de leur légion, à la hauteur du troisième rang, dans l'intervalle qui sépare les bataillons : ce sont eux qui servent de jalonneurs.

En bataille et lorsqu'on doit défiler ils sont tous réunis, et se placent à la droite de la légion, à la hauteur du troisième rang, et à la distance d'un front de peloton.

Dans les manœuvres les tambours se placent à quinze pas derrière le troisième peloton de leur bataillon.

Le tambour-major à la tête des tambours du premier bataillon, et les tambours-maîtres chacun à la tête des tambours de son bataillon.

La musique se place derrière les tambours du premier bataillon.

En bataille pour défiler, les tambours de la légion sont réunis et se placent à la droite du premier bataillon, sur l'alignement et à la gauche des sapeurs.

Les musiciens se placent à la gauche des tambours, obéissent aux signaux du tambour-major, et exécutent les mouvemens indiqués.

DEUXIÈME LEÇON.

MANŒUVRES DU BATAILLON EN LIGNE.

1. *Alignement général,*
2. *Ouvrir les rangs.*
3. *Serrez les rangs.*
4. *Maniement des armes.*
5. *Feu de peloton.*
6. *Feu de demi-bataillon.*
7. *Feu de bataillon.*
8. *Feu de deux rangs.*
9. *Feu en arrière.*
10. *Faire face en arrière.*
11. *Se remettre face en tête.*

1. *Alignement général.*

Le bataillon étant dans l'ordre de bataille, si le

chef juge convenable de prendre un alignement général, soit parallèle, soit oblique, il se porte au point où il veut établir la nouvelle ligne, et commande :

Drapeau et guides généraux = SUR LA LIGNE.

A ce commandement, le porte-drapeau et les guides généraux se portent au point où doit s'établir la nouvelle ligne, font face au chef de bataillon, qui les assure promptement, par un signe de son épée, sur la direction qu'il veut donner au bataillon; cela fait, il commande :

Guides = SUR LA LIGNE.

A ce commandement, les chefs des pelotons du demi-bataillon de droite se portent à la gauche de leur peloton; ceux du demi-bataillon de gauche restent à la droite du leur (celui du sixième recule au deuxième rang, afin de faire place à celui du cinquième); les sergens de remplacement du demi-bataillon de droite, et les guides de gauche du demi-bataillon de gauche, se portent rapidement sur la ligne du porte-drapeau, en lui faisant face et ayant soin de se placer, les sergens de remplacement à la hauteur de la troisième file de droite, et les guides de gauche à la hauteur de la troisième file de gauche de leur peloton.

L'adjudant-major, placé derrière le porte-drapeau, assure promptement la position des guides du demi-bataillon de droite, sur l'alignement du porte-drapeau et du guide général de droite, et l'adjudant placé devant le porte-drapeau assure celle des guides du demi-bataillon de gauche sur l'alignement du porte-drapeau et du guide général de gauche.

Le chef de bataillon, après s'être assuré de l'exactitude de cet alignement, fait porter les armes et commande :

Sur le centre = ALIGNEMENT.

Au commandement ALIGNEMENT, le bataillon s'avance aussitôt, au pas ordinaire, vers la nouvelle ligne, et, lorsqu'il en est à un pas, il marque un simple temps d'arrêt, et se porte ensuite contre ses guides,

3**

par de petits pas accélérés. Les chefs des pelotons du demi-bataillon de droite, dont les hommes ont la tête à gauche, alignent leurs pelotons à gauche, et ceux du demi-bataillon de gauche, dont les hommes ont la tête à droite, les alignent à droite. L'adjudant-major aligne le sixième peloton, le chef de ce peloton se trouvant au deuxième rang et derrière le chef du cinquième.

Après le commandement, FIXE, fait par chaque chef de peloton, le chef de bataillon commande :

Drapeau et guides = *à vos places.*

A ce commandement, le porte drapeau, les guides généraux, les sergens de remplacement, les guides de gauche et les chefs de peloton reprennent leurs places de bataille, ainsi que l'adjudant-major et l'adjudant.

Les guides généraux, dans l'ordre de bataille, sont placés à la droite et à la gauche du bataillon, aux extrémités du rang des serre-files.

Toutes les fois qu'ils sortent pour servir à déterminer une nouvelle ligne de bataille, s'ils n'ont pas de *fanion*, ils portent l'arme perpendiculairement entre les deux yeux, la crosse en haut : il en est de même pour le porte-drapeau, lorsqu'il n'a pas de drapeau.

Si au lieu de prendre un alignement général, le chef de bataillon ne vouloit que rectifier celui qui existe, il commanderoit seulement.

Chefs de pelotons = RECTIFIEZ L'ALIGNEMENT.

A ce commandement, chaque chef de peloton aligne son peloton sur le centre du bataillon, dont l'alignement et la direction doivent avoir été assurés par l'adjudant-major.

Le chef de bataillon peut encore rectifier l'alignement par le commandement :

Chefs de peloton = DEUX PAS EN AVANT.

A ce commandement, les chefs de peloton se portent *deux pas en avant* vis à vis de leur créneau, et s'alignent les uns sur les autres par la droite.

Le chef de bataillon placé lui-même à la droite as-

sure cet alignement, par le commandement : *chef de*
(*tel* ou *tel*) *péloton*, *sortez* ou *rentrez*, et lorsque l'a-
lignement est correct après avoir commandé FIXE,

Il commande :

Dans chaque peloton ⸺ *à droite* ⸺ ALIGNEMENT.

A ce commandement, le bataillon part au pas ordinaire, et chaque peloton s'aligne sur son chef,
l'homme de droite ayant soin de sentir le coude gauche du chef de peloton.

Au commandement de FIXE fait par les chefs de
peloton, les hommes gardent l'immobilité.

2. *Ouvrir les rangs.*

Le chef de bataillon voulant faire ouvrir les rangs,
vérifie, avant de faire son premier commandement,
l'alignement des serre-files; il commande ensuite :

En arrière ⸺ OUVREZ VOS RANGS.

A ce commandement, les chefs de pelotons et le
sergent qui ferme la gauche du bataillon au premier
rang, se portent en arrière, à la hauteur du rang
des serre-files, vis-à-vis leur créneau; les sous - officiers de remplacement, ainsi que le caporal qui ferme
la gauche du troisième rang, se portent à quatre pas
ou huit pieds en arrière du rang des serre-files, vis à-
vis de leur créneau, et s'aligneront à droite. Le chef de
bataillon assure l'alignement des chefs de peloton sur
le rang des serre-files; et l'adjudant - major, se portant à la droite du rang des sous-officiers de remplacement, en dirige l'alignement sur le caporal qui
fermait la gauche du troisième rang; celui-ci élève perpendiculairement son arme entre les deux yeux, et
fait face à droite.

Lorsque les encadremens des deuxième et troisième
rangs sont exactement alignés, le chef de bataillon fait
porter les armes à ces deux rangs, et commande :

MARCHE.

A ce commandement, les deuxième et troisième

rangs, ainsi que celui des serre-files, se portent en arrière; chaque rang dépasse un peu sa base d'alignement, s'arrête, et vient se placer de lui-même sur l'alignement des chefs de peloton et des sous-officiers de remplacement; le rang des serre-files s'aligne à droite, et l'adjudant - major placé à la droite de ce rang l'aligne sur la direction du dernier serre-file de gauche, qui élève son arme perpendiculairement entre les deux yeux, et fait face à droite.

Lorsque les deux rangs sont correctement alignés, le chef de bataillon commande :

FIXE.

A ce commandement, les chefs de peloton, et le sergent qui fermait la gauche du premier rang, reprennent leur place de bataille.

3. *Serrer les rangs.*

Lorsque le chef de bataillon veut faire serrer les rangs, il commande :

Serrez vos rangs === MARCHE.

Au commandement MARCHE, les deux derniers rangs et celui des serre-files marchent au pas ordinaire, chaque homme se dirigeant sur son chef de file.

Dans les alignemens, à rangs serrés, les chefs de peloton surveillent l'alignement du premier rang, et les sous - officiers de remplacement, celui des deux derniers rangs. Ils s'habituent à le juger par la ligne des yeux et des épaules, en jetant un coup-d'œil par devant et par derrière le rang.

4. *Maniement des armes.*

Le chef de bataillon pourra faire exécuter à rangs ouverts ou à rangs serrés, différens mouvemens d'armes (1).

____

(1) Le maniement des armes c'est : *Présenter les armes,* === *porter*

Si le maniement des armes se fait à rangs ouverts, le chef de bataillon surveillera l'exécution du premier rang, l'adjudant-major celle du troisième rang, l'adjudant celle du second rang.

5. *Feu de peloton.*

Les rangs étant serrés, le chef de bataillon fera d'abord charger les armes, soit par la charge précipitée, soit par la charge à volonté.

Au premier temps de la charge, les officiers et les sous-officiers placés dans le rang, feront toujours un demi à droite, comme les soldats, et se remettront face en tête au moment où l'homme qui est à côté d'eux passera l'arme à gauche.

Dans les feux, le chef de bataillon se place derrière son bataillon, de manière à se faire entendre distinctement.

L'adjudant-major, au centre du demi-bataillon de droite, à huit pas derrière les serre-files, et l'adjudant à la même distance et au centre du demi-bataillon de gauche, surveillent l'exécution des commandemens, et les répètent quand cela est nécessaire.

La garde du drapeau, les sous-officiers et les serre-files ne tirent pas et restent au port d'armes pendant les feux.

Pour faire exécuter le feu de peloton, le chef de bataillon commande :

Feu de peloton = COMMENCEZ LE FEU.

Au commandement, *feu de peloton*, les chefs de peloton se portent vivement au centre de leur peloton, à deux pas en arrière des serre-files.

Le sous-officier de remplacement recule sur l'alignement des serre-files, vis-à-vis de son créneau.

Le drapeau recule, ainsi que sa garde, à la hauteur du troisième rang.

---

les armes, = *reposer les armes ,* = *l'arme au bras ,* = *porter les armes,* = *l'inspection des armes,* = *les différens mouvemens d'armes.*

Au commandement, COMMENCEZ LE FEU, les pelotons impairs doivent commencer, les chefs commandent, en désignant le numéro de leur peloton.

(*Tel* ou *tel*) *peloton* — ARMES — JOUE — FEU — CHARGEZ.

Ces commandemens s'exécutent ainsi qu'il est prescrit dans la première partie de cet ouvrage.

Les chefs des pelotons pairs font ensuite les mêmes commandemens, en indiquant de même le numéro de leur peloton.

Pour éviter que les pelotons, en commençant le feu, tirent à la fois, les chefs de pelotons observeront, pour le premier feu, de ne faire le commandement de FEU que l'un après l'autre : ainsi le chef du troisième peloton ne commandera son feu, que lorsqu'il aura entendu celui du premier : le chef du cinquième fera de même à l'égard du troisième, et ainsi de suite.

Les chefs des pelotons pairs se conformeront à leur tour à la même règle.

Le chef de bataillon fait cesser les feux par un roulement suivi d'un coup de baguette.

Au moment où le roulement commence, les soldats cessent de tirer : s'ils ont fait feu, ils rechargent et portent leurs armes : s'ils sont dans la position *d'apprêtez vos armes*, ils font front, remettent le chien au repos, et portent les armes : s'ils sont dans la position de *joue*, ils redressent leurs armes, font front, mettent le chien au repos, et portent les armes.

Les hommes du premier rang se relèvent, pour mettre le chien au repos.

Dans les feux de deux rangs, les hommes du second et du troisième rang, après avoir mis le chien au repos, et avant de porter leurs armes, se les rendent réciproquement.

Au coup de baguette, les chefs de peloton et les sous-officiers de remplacement reprennent vivement leurs places de bataille.

6. *Feu de demi-bataillon.*

Pour faire exécuter le feu de demi-bataillon, le chef de bataillon commande :

Feu de demi-bataillon = demi-bataillon de droite = ARMES = JOUE = FEU = CHARGEZ.

Au commandement, *feu de demi-bataillon*, les chefs de pelotons se portent à un pas en arrière du troisième rang, vis-à-vis de leur créneau, et les sous-officiers de remplacement se portent sur l'alignement des serre-files derrière les chefs de pelotons.

Le drapeau et sa garde se placent comme dans les feux de peloton.

Le demi-bataillon de droite exécute les commande-mens ARMES = JOUE = FEU = CHARGEZ, ainsi que cela a lieu pour les feux de peloton.

Le chef de bataillon ne fait le commandement au demi-bataillon de gauche, que lorsqu'il aperçoit quelques armes portées dans le demi-bataillon de droite, et ainsi de suite.

Ce feu cesse, comme celui de peloton, au commencement du roulement; et les hommes exécutent les mêmes mouvemens.

Au coup de baguette, les chefs de peloton et les sergens de remplacement reprennent leurs places de bataille.

7. *Feu de bataillon.*

Le feu de bataillon s'exécute de même que le feu de demi bataillon ; les commandemens sont les mêmes, excepté qu'au lieu de *demi-bataillon*, le chef dit : *bataillon;* les officiers et sous officiers se portent aux mêmes places : on le fait cesser par les mêmes moyens.

8. *Feu de deux rangs.*

Le chef de bataillon commande :

Feu de deux rangs = bataillon = ARMES. commencez le feu.

Au commandement, *feu de deux rangs*, les chefs de peloton, les sous-officiers de remplacement et le drapeau prennent leurs places indiquées pour les feux de bataillon..

Au commandement, *commencez le feu*, le feu commence dans tous les pelotons à la fois, par la première file de droite ; la seconde file ne met en joue que lorsque la première amorce ; mais cette progression n'a lieu que pour le premier feu seulement, chaque homme devant ensuite charger et tirer sans se régler sur les autres.

Tout ce qui a été prescrit dans la première partie de cet ouvrage au paragraphe : *Feu de deux rangs*, s'exécute ponctuellement, tant pour la position des trois rangs que pour la charge et l'échange des armes dans le second et le troisième rang.

Ce feu cesse de même au roulement, en observant ce qui a été prescrit au commencement de cet article.

9. *Feux en arrière.*

Pour faire exécuter les feux en arrière, le chef de bataillon commande :

> *Feu en arrière* = *bataillon* — *demi-tour* — **a droite.**

Au commandement *demi-tour*, les hommes font le mouvement indiqué à l'article *demi-tour à droite*, page 3 ; les chefs de peloton se placent face et contre l'homme de droite du premier rang de leur peloton ; les sous-officiers de remplacement et les serre files traversent légèrement par les créneaux des chefs de peloton, et se placent face en arrière à deux pas du premier rang, vis-à-vis leur place de bataille.

Au commandement *de droite*, les hommes achèvent le demi-tour, les chefs de peloton se reportent dans leur créneau, au troisième rang devenu premier, et les sous-officiers de remplacement se placent derrière leur chef de peloton, au premier rang devenu troisième.

Le bataillon faisant ainsi face en arrière, exécute les mêmes feux, et par les mêmes commandemens qu'en avant.

Le demi-bataillon de droite et celui de gauche conservent leur même dénomination, les pelotons et les files des pelotons conservent aussi leur ordre numérique, quoique, par le demi-tour à droite, la gauche soit devenue droite, et la droite devenue gauche.

Le demi-tour à droite ayant interverti l'ordre des rangs, il en résulte que dans les feux de peloton le troisième rang devenu premier, et le premier devenu troisième prennent la position prescrite dans ces feux, pour le premier et le troisième rang, et que dans les feux de deux rangs le premier et le troisième rangs exécutent le premier ce qui est prescrit pour le troisième, et le troisième ce qui est prescrit pour le premier.

Les chefs de peloton, les sous-officiers de remplacement et le drapeau prennent, dans les feux en arrière, la même position que dans les feux en avant.

Les feux de deux rangs commencent par la gauche des pelotons devenue droite.

Les feux ayant cessé par les moyens indiqués ci-dessus, et au coup de baguette, le drapeau, les chefs de peloton et les sous-officiers de remplacement reprennent leur première place.

Lorsque le chef de bataillon veut le remettre face en tête, il commande :

Face en tête = *bataillon* = *demi-tour* = A DROITE.

Au commandement *demi-tour*, les chefs de peloton, les sergens de remplacement et les serre-files se conforment à ce qui vient d'être prescrit plus haut pour faire face en arrière.

Au commandement A DROITE, les hommes exécutent le demi-tour à droite, les chefs de pelotons et les sergens de remplacement reprennent leurs places de bataille.

10. *Faire face en arrière.*

Le mouvement de *face en arrière* se commande et se fait de la même manière que lorsque le bataillon doit exécuter les feux en arrière, excepté qu'au commandement *demi-tour* A DROITE, les sous-officiers de remplacement, les serre-files et les chefs de pelotons restent à leurs places de bataille. Si le bataillon devoit ensuite se porter en avant, au commandement *bataillon* EN AVANT, les sergens de remplacement se placeroient au rang des serre-files, et les chefs de peloton, au troisième rang devenu premier.

Les alignemens se prennent à gauche.

11. *Se remettre face en tête.*

Lorsque le bataillon a fait *demi-tour à droite*, les chefs de pelotons alignent leur peloton à droite.

TROISIÈME LEÇON.

MOYEN DE PASSER DE L'ORDRE EN BATAILLE A L'ORDRE EN COLONNE.

1. *Rompre par peloton à droite ou à gauche.*
2. *Rompre par section.*
3. *Rompre par division.*
4. *Rompre en arrière par peloton, à droite ou à gauche.*
5. *Contre-marche.*

1. *Rompre par peloton à droite et à gauche.*

Le bataillon étant correctement aligné, si le chef veut le former en colonne, la droite en tête, et faire rompre par peloton à droite, il commande :

Par peloton ☰ A DROITE.

A ce commandement, les chefs de peloton se portent vivement à deux pas devant le centre de leur peloton, en prévenant que *la droite soutient* et que *la gauche marche.* Les sergens de remplacement se portent de suite au premier rang.

Au commandement MARCHE fait par le chef de bataillon, l'homme de droite du premier rang de chaque peloton fait un *à droite*, en appuyant légèrement sa poitrine contre le bras gauche du sergent de remplacement qui n'a pas bougé ; celui qui le suit immédiattement ne fait que pivoter, en se conformant au mouvement de l'aile marchante ; l'homme qui est à la gauche du peloton, fait le pas de deux pieds ; et, de la gauche à la droite, chaque file raccourcit le pas, en raison de ce qu'elle se rapproche du pivot : les hommes ont toujours le tact des coudes du côté du pivot, et la tête tournée vers l'aile marchante (1), les chefs de peloton se portent vivement, et par la ligne la plus courte, faisant face en arrière, en dehors du point où doit appuyer l'aile qui converse, et se placent de manière à ce que la ligne qu'ils forment avec l'homme de droite du premier rang, soit perpendiculaire à celle qu'occupoit le peloton en bataille.

Lorsque l'homme qui conduit l'aile marchante est arrivé à quatre pas de la perpendiculaire, le chef de peloton fait le commandement d'avertissement :

Peloton.

Et celui d'exécution : HALTE, lorsqu'il en est à deux pas.

A ce commandement, le peloton s'arrête, et le sergent de remplacement, qui n'a pas bougé, se place à côté de l'homme qui a fait un à droite, ayant soin de s'aligner correctement sur lui ; le serre-file désigné pour être *guide de gauche*, quitte vivement sa place et se porte au point où doit appuyer la gauche du peloton ; le chef de peloton le place de manière à laisser entre ce guide, et l'homme de droite, l'espace nécessaire pour contenir le front du peloton, l'aligne sur

---

(1) *Voyez* la note Leçon 5ᵉ, n° 1, 1ʳᵉ partie. Leçon 4ᵉ, n° 1.

l'homme qui a fait un à droite, et, l'ayant ainsi établi, il se porte à deux pas en arrière, et commande :

A gauche ═ ALIGNEMENT.

A ce commandement, les hommes qui avaient le tact des coudes à droite, le reprennent à gauche, et s'alignent sur le guide de gauche.

L'alignement étant correct, le chef de peloton commande FIXE, et se porte à deux pas devant le centre de son peloton : les hommes qui avoient la tête à gauche la rapportent dans la position directe.

Les serre-files qui sont à deux pas en arrière du troisième rang, se conforment au mouvement du peloton, en observant de conserver toujours leur même distance.

Le chef de peloton, en plaçant le guide de gauche, ne doit s'attacher qu'à l'aligner correctement avec l'homme de droite de son peloton, sans s'occuper de le placer dans la direction des autres guides; en effet, s'il avoit devant lui un peloton plus fort ou plus foible, et qu'il voulût aligner son guide avec celui du peloton précédent, il feroit rentrer ou sortir tout son peloton, et dérangeroit par-là toute la direction des hommes de droite des pelotons qui n'ont pas changé de place, et doivent conserver la première ligne de bataille (1).

---

(1) On pourroit prévenir cet inconvénient, en faisant jalonner le peloton par le guide de gauche, de manière qu'il correspondît à la seconde ou troisième avant dernière file, qu'il fît face au sergent de remplacement, et qu'il présentât l'épaule droite au peloton; par ce moyen, il seroit indifférent que le chef de peloton plaçât son guide plus ou moins près du sergent de remplacement, puisqu'au commandement *à gauche alignement*, le peloton pourroit s'aligner à gauche facilement sans que le pivot se déplaçât.

Au commandement *fixe*, le guide de gauche et le sous-officier de remplacement prendroient leur place, à la droite et à la gauche du peloton.

En exécutant ce que prescrit l'ordonnance, si le chef de peloton place son guide de gauche trop loin du sergent de remplacement, il faut, ou que tout le peloton se dérange au commandement *à gauche alignement* et entraîne le pivot, ou bien qu'il s'aligne à gauche sans quitter le tact des coudes *à droite* et sans le prendre *à gauche*, ce qui est contraire au principe des alignemens, qui est de prendre le tact des coudes du coté où l'on s'aligne.

Nous verrons par la suite que si, dans le premier moment, la direction des guides de gauche n'est pas exacte, cette irrégularité se répare insensiblement lorsque la colonne est en mouvement (1).

Si après avoir rompu par peloton, le bataillon doit se porter tout de suite à gauche, et marcher parallèlement à la colonne, de manière que la tête de la colonne se porte où étoit la gauche, le chef de bataillon, avant de faire le commandement *par peloton à droite*, fait celui d'avertissement, *rompre par la droite pour marcher vers la gauche*.

Alors le premier peloton, au lieu de converser comme les autres, au commandement *par peloton à droite*, se porte en avant deux fois l'étendue de son front, et au commandement *de colonne en avant* ＝ MARCHE, il tourne de suite à gauche.

On rompt par peloton à gauche d'après les mêmes principes, et par les moyens inverses.

2. *Rompre par section.*

Lorsqu'on rompt par section à droite, les chefs des secondes sections, au commandement *par section* ＝ A DROITE, se portent devant le centre de leur section, en passant par la gauche, et exécutent tout ce qui est prescrit ci-dessus pour les chefs de peloton : les sergens de remplacement se portent, au commandement de HALTE, au point où doit appuyer la gauche des premières sections, en passant par-devant le front, et servent de guide de gauche.

Si l'on rompt par section à gauche, les guides de gauche des sections paires vont, au commandement de HALTE, se porter au point où doit appuyer la droite de leur section, et servent de guide de droite.

3. *Rompre par division.*

On fait quelquefois rompre par division à droite ou à gauche.

---

(1) *Voyez* Leçon 4ᵉ, sec. 1ʳᵉ, nᵒ 3.

Une division est formée de la réunion de deux pelotons ; ainsi le premier et le deuxième pelotons forment une division ; le troisième et le quatrième en forment une autre, et ainsi de suite.

La division est toujours commandée par le chef du peloton *impair*, et le chef du peloton *pair* reste dans le rang, à sa place de bataille.

Si le chef de bataillon veut former le bataillon en colonne, par division, la droite en tête, il fait rompre par division à droite, en commandant :

Par division == A DROITE.

A ce commandement, les chefs des pelotons impairs se portent vivement devant le centre de leur division, en prévenant que *la droite soutient*, et que *la gauche marche* ; les sergens de remplacement les remplacent au premier rang ; les chefs de pelotons pairs restent au premier rang à la droite de leur peloton.

Le mouvement s'exécute par les moyens et les commandemens prescrits pour rompre *par peloton*.

C'est le guide de gauche du *peloton pair* qui devient *guide de gauche* de la division, et le sergent de remplacement du *peloton impair* en est *le guide de droite*.

4. *Rompre en arrière à droite ou à gauche.*

Le bataillon étant correctement aligné, si le chef veut le faire rompre en colonne et le prolonger sur la ligne où il est en bataille, ou si le défaut d'espace ne permet pas de rompre par peloton à droite, il commande :

Par peloton en arrière == A DROITE.

A ce commandement, les chefs de pelotons se portent vivement à deux pas devant le centre de leur peloton, et préviennent qu'on va faire par le flanc droit. Le chef de bataillon commande ensuite :

Bataillon, par le flanc droit, == A DROITE.

Au commandement *Bataillon par le flanc droit* == A DROITE, le bataillon fait par le flanc droit ; chaque chef

ᵢde peloton se porte à la droite de son peloton, fait déboiter en arrière les trois premières files, la première
de toute l'épaisseur des trois rangs, la seconde un peu
moins, la troisième ne faisant qu'avancer l'épaule gauche : il se place ensuite à la hauteur de la dernière file
de gauche du peloton qui le précède, appuyant sa poitrine contre le bras gauche de l'homme du premier rang
de cette file.

Le chef du premier peloton se place de même que s'il
y avoit un peloton à sa droite, et exécute tout ce qui
est prescrit ici pour les autres chefs de peloton.

Le chef de bataillon, voyant ses dispositions faites,
commande :

MARCHE.

A ce commandement, le sergent de remplacement de
chaque peloton qui s'est placé devant l'homme du premier rang de la première file de droite, en même temps
que les trois files ont déboité, la conduit perpendiculairement en arrière ; chaque file vient successivement
converser à la même place : les chefs de pelotons, qui
n'ont pas bougé, voient filer leur peloton, et lorsque
la dernière file a terminé sa conversion, ils commandent :

Peloton ══ HALTE ══ FRONT.

Au commandement de HALTE, le peloton s'arrête ; à
celui de FRONT, il fait face par le premier rang, et le
guide de gauche vient appuyer son bras gauche contre
la poitrine de son chef de peloton, qui, dès qu'il est
correctement placé, se recule deux pas en arrière,
pour mieux juger la direction et l'alignement de son peloton, et commande :

A gauche ══ ALIGNEMENT.

A ce commandement, le peloton se porte sur l'alignement de son guide de gauche, et le chef de peloton
l'aligne de manière que la nouvelle position du peloton
soit perpendiculaire à celle qu'il occupoit en bataille.

Le peloton étant aligné, le chef de peloton commande
FIXE, et se porte à deux pas devant le centre de son peloton.

Pour rompre en arrière à gauche, le chef de bataillon fera les mêmes commandemens que pour rompre à droite, en substituant l'indication de *gauche* à celle de *droite*. Le mouvement s'exécutera d'après les mêmes principes, et chaque chef de peloton se placera, comme il est dit ci-dessus, contre la première file de droite du peloton qui est immédiatement à la gauche du sien; aussitôt que les trois dernières files de gauche auront déboîté, le guide de gauche de chaque peloton se portera devant l'homme du premier rang de la dernière file pour le conduire. Les sergens de remplacement exécuteront, au commandement de FRONT, ce qui est prescrit pour les guides de gauche, lorsque l'on rompt en arrière à droite.

Cette manœuvre peut s'exécuter aussi par division ou par section; d'après les mêmes principes et par les mêmes commandemens.

5. *Contre-marche.*

Le bataillon étant, de pied ferme, rompu en colonne à distance entière, ou serré à distance de section, et ayant la droite en tête, si le chef de bataillon veut le disposer la gauche en tête, il commande :

Contre-marche = *bataillon* = *par le flanc droit* = A DROITE.

A ce commandement, le bataillon fait à droite; les chefs de pelotons se portent rapidement à la droite de leur peloton, et à la gauche de leur sergent de remplacement. Les guides de gauche font *demi-tour à droite*, sans changer de place. Le chef de bataillon commande ensuite :

Par file à gauche = MARCHE.

A ce commandement, chaque chef de peloton conduit son peloton vers la gauche, en lui faisant faire deux fois par file à gauche, et en passant par devant le premier rang; chaque file vient converser successivement au même point ; et, lorsque le chef de peloton est à la hauteur de son guide de gauche, il commande :

Peloton ⚌ HALTE ⚌ FRONT ⚌ *à droite* ⚌ ALI-GNEMENT.

Au commandement de HALTE, chaque peloton s'arrête ; à celui de FRONT, il fait face par le premier rang ; et à celui d'ALIGNEMENT, il s'aligne sur son guide de gauche. Le chef de chaque peloton, qui s'est porté deux pas en dehors de son guide, dirige l'alignement, et lorsqu'il est correct, il commande FIXE, et se place à deux pas devant le centre de son peloton ; au commandement FIXE, le guide de gauche se porte à la gauche du peloton, en passant devant le premier rang, et le sergent de remplacement vient se placer à la droite du premier rang.

Dans une colonne la gauche en tête, la contre-marche s'exécute d'après les mêmes principes et par les moyens inverses.

Donc, si la droite est en tête, la colonne fait par le flanc droit et par file à gauche ; et si la gauche est en tête, elle fait par le flanc gauche et par file à droite, chaque peloton étant toujours conduit par son chef. Dans cette dernière supposition, ce sont les sergens de remplacement qui, au commandement *par le flanc gauche* ⚌ A GAUCHE, font demi-tour à droite, et, à celui de FIXE, passent à la droite du peloton.

Les principes ci-dessus sont applicables à une colonne par sections, excepté seulement qu'au commandement de FIXE, les guides restent à leur place, soit que la droite, soit que la gauche soit en tête.

QUATRIÈME LEÇON.

MARCHE DE LA COLONNE.

SECTION PREMIERE.

1. *Des guides dans la marche en colonne.*
2. *Marche en colonne, à distance entière et à distance de section, la droite ou la gauche en tête.*
3. *Changement de direction du côté du guide et du côté opposé au guide.*

1. *Des Guides.*

Avant de développer les moyens par lesquels une colonne se met en mouvement et se dirige, soit en se prolongeant sur la ligne de direction où elle est établie, après avoir rompu, soit en changeant de direction *à droite* ou *à gauche*, il est indispensable de bien faire connoître ce qu'on entend par GUIDES, et ce qu'ils ont à faire dans les divers mouvemens de la colonne.

Nous avons vu (1) que lorsqu'une ligne de bataille a rompu par peloton à droite, chaque peloton est encadré par deux sous-officiers. Ces deux sous-officiers ont chacun des fonctions différentes, et l'ordre dans lequel se trouve la colonne, leur assigne ces fonctions.

Si la colonne, par exemple, est rompue de façon que le premier peloton soit en tête, ce qu'on appelle être *la droite en tête*, le sous-officier qui est à la droite est chargé de maintenir l'alignement du peloton, et celui qui est à la gauche remplit les fonctions de GUIDE, c'est-à-dire, qu'il règle ou qu'il guide la marche de son peloton quant à la direction et à la distance, relativement au peloton qui le précède.

Si, au contraire, le dernier peloton est en tête, ce qu'on appelle être *la gauche en tête*, le sous-officier, qui est à la gauche du peloton, est alors chargé de

---

(1) Voyez 3ᵉ Leçon, nᵒ 1, 2ᵉ partie.

maintenir l'alignement, et celui qui est à la droite remplit les fonctions de GUIDE.

(Ainsi, règle générale, toutes les fois que la colonne a la droite en tête, le GUIDE est *à gauche*, et quand la colonne à la gauche en tête, le GUIDE est *à droite*. Cette règle, ainsi que nous l'avons déjà dit, ne dispense pas le chef de la colonne, d'indiquer toujours le côté du guide, avant de la mettre en mouvement.)

D'après cela, le GUIDE, quoiqu'il fasse partie du peloton, en est indépendant, puisque c'est sur lui que se règle la marche du peloton, et qu'il doit se considérer comme isolé, et marchant pour son propre compte, en observant cependant, 1° de marcher constamment sur la trace du guide qui le précède, de manière à ce qu'il lui dérobe la vue des autres guides ;

2° De maintenir toujours entre lui et le guide qui le précède, une distance égale à l'étendue du front de son peloton (quand la colonne est à distance entière)(1) ;

3° De faire constamment son pas égal en longueur et en vitesse, soit que la colonne marche en ligne directe, soit qu'elle se porte à droite ou à gauche par des changemens de direction.

Ce moyen est véritablement le seul propre à prévenir les *flottemens* ou les *déviations* dans une colonne en marche, ou à les réparer promptement.

Les changemens de direction en colonne, à distance entière, sont de deux espèces ; ils se font ou du côté du guide, ou du côté opposé au guide ; et, bien que ces changemens soient des conversions, le premier s'exécute par le commandement, *tournez à gauche* ou *à droite* ; et le second par celui de *à droite* ou *à gauche*, *conversion*.

---

(1) Cette distance est d'un nombre de pas égal à celui des files du peloton ; lorsque le guide veut s'assurer si la distance est juste, il remarque la place où le guide qui le précède a mis son pied, et compte ses pas en marchant vers ce point ; si le nombre de pas qu'il a faits pour y parvenir *est égal au nombre des files* de son peloton, sa distance est bonne, si non il alonge ou racourcit son pas pour la rétablir.

4*

La différence entre ces deux commandemeus provient de ce que, dans le premier cas, le guide ne fait effectivement que *tourner* sur lui-même en marchant, et par un simple mouvement *par le flanc gauche*, ou *par le flanc droit*, tandis que, dans le second, il *converse* en décrivant un arc de cercle, dont le front du peloton est le rayon.

Si le changement de direction se fait du côté du guide, au commandement *tournez à gauche* = MARCHE, le guide fait un à gauche en marchant ; et, sans rien changer à la mesure ni à la cadence de son pas, il continue à se prolonger sur la nouvelle direction, sans s'inquiéter de la marche du peloton.

Si le changement de direction se fait du côté qui lui est opposé, le guide, au commandement *à droite conversion* = MARCHE, avance l'épaule gauche, pour faciliter sa marche circulaire, fait toujours son même pas, et continue à marcher circulairement jusqu'au commandement *en avant* = MARCHE. A ce commandement, il replace les épaules carrément, et marche droit devant lui (1).

Le motif pour lequel le guide est placé de préférence à gauche, lorsque la droite est en tête, et à droite, quand la gauche est en tête, a pour but, de disposer la colonne de la manière la plus favorable pour être établie promptement, soit *à gauche*, soit *à droite* en bataille.

En effet, si la colonne a la droite en tête, les guides étant à gauche, et correctement alignés, la ligne de bataille se trouve naturellement déterminée par eux, et, s'ils ont conservé exactement leur distance, qui doit être égale à l'étendue du front de leur peloton, la colonne est formée de suite *à gauche* en bataille, par un simple quart de conversion à gauche, que fait chaque peloton, et dont le guide est le point fixe.

Si, au contraire, la colonne a la gauche en tête, les guides étant à droite, la colonne est formée de suite à

---

(1) *Voyez* 4ᵉ Leç., n° 3, 1ʳᵉ partie, pag.

droite en bataille, par un simple quart de conversion à droite.

Nous allons mettre ces principes en action.

2. *Marche en colonne à distance entière.*

Le bataillon étant rompu en colonne par peloton, à distance entière, la droite en tête, lorsque le chef veut la faire marcher en ligne directe, il indique au guide de gauche du premier peloton, le point vers lequel il doit se diriger. Ce guide prend, pour assurer sa direction, des points intermédiaires et saillans, et, à défaut d'objets distincts, le chef de bataillon envoie l'adjudant-major se placer à trente ou quarante pas en avant, faisant face à la colonne; il l'établit par un signe de son épée, sur la direction que doit suivre le premier guide. L'adjudant-major ainsi placé, le premier guide prend deux points à terre dans la ligne droite qui irait passer entre ses talons. Ces dispositions faites, le chef de bataillon commande:

Colonne en avant = *guides à gauche* = MARCHE.

Au commandement de MARCHE, répété vivement (1), et en même temps par chaque chef de peloton, la colonne se met en mouvement; les hommes partent ensemble du pied gauche, ont le tact des coudes du côté du guide, et la tête directe.

Le guide du premier peloton se maintient carrément sur le prolongement des deux points qu'il a choisis, et en prend successivement de nouveaux, à mesure qu'il avance.

Les guides suivans conservent le pas, et marchent chacun sur la trace des guides qui les précèdent, sans s'occuper ni de la direction générale, ni de l'alignement de leur peloton, et en maintenant, ainsi que nous l'a-

------

(1) Toutes les fois que l'on est rompu en colonne, les chefs de pelotons répètent les commandemens HALTE et MARCHE, et ils ne les répètent jamais quand on est en bataille. C'est un principe général.

vous dit, entre eux et le peloton qui les précède, une distance égale à l'étendue du front de leur peloton.

3. Changement de direction.

Lorsque le chef de la colonne veut la faire changer de direction à gauche, il place un jalonneur du côté des guides, au point où il veut faire exécuter le changement; la colonne étant près d'y arriver, il commande:

Téte de colonne ⸗ A GAUCHE.

A ce commandement, le chef du premier peloton fait face à son peloton, et lui commande:

Tournez à gauche, et MARCHE, lorsque le bras gauche de son guide rase la poitrine du jalonneur.

Au commandement MARCHE, fait par le chef de peloton, le guide fait *un à gauche* en marchant, et se prolonge sur la nouvelle direction, sans rien changer ni à la longueur, ni à la vitesse de son pas; les hommes qui composent le peloton font un demi à gauche, en marchant, et se portent isolément et successivement, en prenant le pas accéléré, sur la nouvelle direction; chacun arrivant ainsi, l'un après l'autre, prend le pas du guide, joint le coude de son voisin de gauche, et replace la tête et les épaules dans la position directe (1).

Chaque peloton vient tourner successivement à la même place, et exécute tout ce qui est indiqué pour le premier peloton.

Si le chef de la colonne veut la faire changer de direction à droite, il place un jalonneur du côté des guides, au point où il veut faire exécuter le changement, et la colonne étant près d'y arriver, il commande:

Tête de colonne ⸗ A DROITE.

A ce commandement, le chef du premier peloton fait face à son peloton, et commande:

A droite conversion, et MARCHE, lorsque son guide rase la poitrine du jalonneur.

---

(1) *Voyez* Leçon 4ᵉ, n° 3, 1ʳᵉ partie.

Au commandement de MARCHE, fait par le chef de peloton, le guide avance l'épaule gauche, mesure de l'œil le chemin qu'il doit parcourir, et, sans rien changer à la mesure ni à la cadence de son pas, il décrit un arc de cercle : le sergent de remplacement, qui est à la droite du peloton, fait le pas de six pouces, en gagnant du terrain en avant, et en se conformant au mouvement de l'aile marchante, les hommes qui ont conservé le tact des coudes à gauche, et qui ont porté la tête de ce côté, raccourcissent le pas, de la gauche à la droite, en raison de qu'ils sont plus près du pivot. Lorsque la conversion est sur le point d'être achevée, le chef de peloton commande *en avant*, et MARCHE, lorsqu'elle est terminée. Au commandement de MARCHE, le guide replace les épaules carrément, et marche directement sur le point qui lui est indiqué ; le sergent de remplacement, ainsi que les hommes du peloton, reprennent le pas de deux pieds, rapportent la tête directe, et se conforment au pas du guide.

Chaque peloton vient converser successivement à la même place, et exécute tout ce qui est prescrit pour le premier peloton.

La conversion en marchant, se fait de même que la conversion de pied ferme (1), excepté,

1°. Que le tact des coudes reste du côté du guide, au lieu d'être du côté du pivot.

2°. Que le sergent de remplacement fait le pas de six pouces, en gagnant du terrain en avant, au lieu de tourner sous lui même.

Si le pivot ne faisoit que tourner sans avancer, comme dans la conversion de pied ferme, le second peloton arriveroit sur l'emplacement occupé par le premier, avant que celui-ci eût achevé sa conversion ; il y auroit alors pression des pelotons les uns sur les autres.

En effet, l'espace qui sépare le premier peloton du deuxième est égal au front de celui-ci ; tandis que l'es-

---

(1) *Voyez* Leçon 3ᵉ, n° 1, et la note. Leçon 5ᵉ, n° 1, 1ʳᵉ partie. Leçon 4ᵉ, n° 2.

pace que doit décrire le guide dans sa conversion est un quart de cercle, qui, ayant pour rayon l'étendue du front de son peloton, est à-peu-près égal à une fois et demie la distance du premier peloton au second. Ainsi, quand le deuxième peloton atteindroit le premier, le guide auroit encore à décrire un espace égal à la moitié de la distance entre les deux pelotons : il en scroit de même pour les autres pelotons.

C'est donc pour éviter cet inconvénient, que l'on prescrit au sergent de remplacement de dégager le pivot, en faisant son pas de six pouces, lorsque la colonne est à distance entière, comme il doit le faire d'un pied lorsque la colonne est à demi-distance (1).

On ne sauroit trop insister sur la différence qui existe entre un changement de direction du côté du guide, et un changement de direction du côté opposé au guide. C'est pourquoi nous répétons ici ce que nous avons déjà dit Ire. Partie, 4e leç., n° 1.

Si la colonne a la droite en tête, et que le changement de direction s'opère à gauche, les pelotons *tournent*, et s'il s'opère à droite, les pelotons *conversent*; on *tourne* du côté du guide, et l'on *converse* du côté opposé. Lorsque l'on *tourne*, le guide fait un *à droite* ou un *à gauche* en marchant, et les hommes arrivent isolément et successivement sur la nouvelle direction ; mais, lorsque l'on *converse*, le guide décrit une marche circulaire, les hommes arrivent ensemble et sans désunion sur la nouvelle direction, en conservant le tact des coudes et la tête du côté du guide; dans l'un et l'autre mouvement, le pas du guide est constamment le même en longueur et en vitesse, c'est-à-dire, de deux pieds d'un talon à l'autre, de soixante-seize par minute pour le pas ordinaire, et de cent, pour le pas accéléré.

Dans la marche en colonne, l'adjudant-major se tient

----

(1) On appelle demi-distance lorsque la colonne rompue par division marche à distance de peloton, ou lorsque rompue par peloton, elle marche à distance de section.

habituellement à la hauteur et près du premier guide, pour veiller à ce qu'il ne s'écarte pas de la direction, et pour faire marcher le guide du second peloton sur la trace du premier. L'adjudant se tient à la hauteur du dernier guide, pour empêcher que les autres ne s'écartent de la direction des deux premiers, et prévenir des écarts sensibles.

Le chef de bataillon placé sur le flanc de la colonne, du côté des guides, veille à l'observation du pas, au maintien de la direction et à la conservation des distances entre chaque peloton.

Lorsque les guides généraux et le porte-drapeau se portent sur le flanc de la colonne, ils marchent à quatre pas en dehors, à la hauteur des guides des pelotons, où ils sont placés dans l'ordre de bataille.

Le guide général de droite se dirige sur les points qui lui sont indiqués, et le porte-drapeau, ainsi que le guide général de gauche, ont soin de marcher exactement sur le prolongement du guide général de droite.

Lorsque le porte-drapeau sort pour se porter sur la ligne, ou pour marcher sur le flanc de la colonne, le sous-officier qui est derrière lui, au deuxième rang, le remplace au premier.

Dans une colonne la gauche en tête, tous les mouvemens s'exécutent par les mêmes principes, mais dans l'ordre inverse, et les guides de droite suivent tout ce qui vient d'être prescrit pour les guides de gauche.

Lorsque l'on a rompu par peloton à *droite* ou à *gauche*, si les pelotons ne sont pas égaux, les hommes ayant conversé à pivot fixe, les guides ne peuvent être sur le même prolongement; les chefs de pelotons ne doivent pas les y établir, à moins d'un commandement particulier; mais les guides doivent s'y porter d'eux-mêmes, insensiblement, dès l'instant que la colonne se met en marche (1).

____

(1) *Voyez* Leçon 3ᵉ ᵗ n° 1, 1ʳᵉ partie.

4**

SECTION II.

1. Rompre les pelotons.
2. Former les pelotons.
3. Former les divisions.
4. Rompre les divisions.
5. Faire exécuter ces mouvemens successivement.

1. *Rompre les pelotons.*

La colonne étant en marche, la droite en tête et à distance entière, si le terrain ne permet pas de conserver toute l'étendue du front des pelotons, le chef de la colonne les fait rompre, et à cet effet, il commande :

Rompez les pelotons.

A ce commandement, les chefs de pelotons se portent aussitôt à deux pas devant le centre de leur première section, et font le commandement d'avertissement : *Droit devant vous.* Les chefs des deuxièmes sections, passant par la gauche du peloton, se portent rapidement devant le centre de leur section, et font le commandement d'avertissement : *Marquez le pas.*

Le chef de la colonne voyant chaque section prévenue, commande :

MARCHE.

A ce commandement vivement répété par les chefs de sections, chacune exécute en particulier ce qui lui a été indiqué par le commandement d'avertissement de son chef ; la première section de chaque peloton continue à marcher droit devant elle, et au commandement de *guide à gauche* fait par son chef, le sous-officier de remplacement se porte de suite à la gauche et en passant devant le front de sa section pour lui servir de guide. La deuxième section de chaque peloton marque le pas, et immédiatement après le commandement de MARCHE, son chef commande : *Oblique à droite*, et MARCHE, aussitôt que le troisième rang de la première section aura dépassé son premier rang.

Le guide de la deuxième section étant près d'arriver dans la direction de celui de la première, le chef commande : *En avant*, et MARCHE, GUIDE A GAUCHE, à l'instant où son guide couvre le premier.

La colonne ayant la gauche en tête, on rompt les pelotons d'après les mêmes principes et par les moyens inverses, en appliquant à la première section ce qui a été prescrit pour la deuxième, et à la deuxième, ce qui a été prescrit pour la première. Dans cette supposition, le guide de gauche du peloton se porte au flanc droit de la deuxième section, dès qu'elle a déboîté, et le sous-officier de remplacement reste au flanc droit de la première.

Ainsi, dans une colonne, la droite en tête, toutes les sections impaires marchent droit devant elles, toutes les sections paires marquent le pas et obliquent à droite, et dans une colonne, la gauche en tête, ce sont les sections paires qui marchent droit devant elles, et les sections impaires qui marquent le pas et obliquent à gauche.

2. *Former les pelotons.*

La colonne étant en marche par sections, la droite en tête, si le chef veut faire former les pelotons, il commande :

Formez les pelotons.

A ce commandement, le chef de la première section de chaque peloton fait le commandement d'avertissement : *Oblique à droite*, et le chef de la deuxième section : *Droit devant vous.*

Le chef de la colonne voyant chaque section prévenue, commande :

MARCHE.

A ce commandement vivement répété par les chefs de sections, chaque section exécute en particulier ce qui lui a été indiqué par le commandement d'avertissement de son chef. La première section de chaque peloton oblique à droite, et le sous-officier de remplacement qui étoit au flanc gauche, se porte aussitôt au flanc droit, en passant devant le premier rang. Lorsque cette section est près de démasquer la deuxième, le chef de la première fait le commandement d'avertissement : *marquez le pas*, et MARCHE, aussitôt qu'elle l'a démasquée.

Lorsque la deuxième section qui, au commandement de MARCHE, a marché droit devant elle, est près de se réunir à la première qui a marqué le pas pour l'attendre, son chef se porte à deux pas derrière le centre, en passant par la droite, et le chef de la première section, au centre du peloton. Le chef de peloton fait le commandement, *en avant*, lorsque les deux sections sont près de se joindre, et celui de MARCHE, aussitôt qu'elles sont réunies.

Dans une colonne en marche par sections, la gauche en tête, on formera les pelotons d'après les mêmes principes, mais par les moyens inverses, en appliquant à la deuxième section de chaque peloton, ce qui est dit pour la première, et à la première section, ce qui est prescrit pour la deuxième : dans cette supposition, le guide placé au flanc droit se portera au flanc gauche à la deuxième section, en passant par devant le premier rang dès qu'elle commencera à obliquer, et le sous officier de remplacement restera au flanc droit de sa section.

Ainsi, dans une colonne, la droite en tête, lorsqu'on veut former les pelotons, ce sont les premières sections de chaque peloton qui obliquent à droite, et les sections paires qui marchent droit devant elles ; et dans une colonne la gauche en tête, ce sont les deuxièmes sections de chaque peloton qui obliquent à gauche, et les premières sections qui marchent droit devant elles.

3. *Former et rompre les divisions.*

On forme les divisions par les mêmes moyens, seulement on substitue la dénomination de *divisions* à celle de *pelotons*. Dans une colonne, la droite ou la gauche en tête, les chefs des pelotons pairs, avant que la jonction des deux pelotons soit faite, se portent chacun à la droite du sien, et les guides de gauche des pelotons impairs passent en serre-file au commandement, *marquez le pas*, fait par le chef de peloton.

4. *Rompre les divisions.*

On rompt les divisions, de même que l'on rompt les pelotons, et dans tous les cas, les chefs des pelotons pairs et ceux des pelotons impairs suivent ce qui est prescrit pour les chefs de sections.

5. *Exécuter ces manœuvres successivement.*

Lorsque le chef de la colonne veut faire rompre les pelotons successivement, il fait placer un jalonneur au point où il veut faire commencer le mouvement. Le premier peloton étant arrivé à quatre pas du jalonneur, son chef commande : *rompez le peloton*, et MARCHE, aussitôt qu'il est a sa hauteur.

Chaque section exécute les mêmes mouvemens que ceux indiqués pour faire rompre les pelotons à la fois, et chaque chef de peloton exécute le mouvement au même point.

Il en est de même pour former les pelotons.

Dans ces divers mouvemens, il est nécessaire, pour prévenir l'alongement de la colonne, que chaque peloton, pendant que le peloton qui le précède rompt ou se reforme, continue à marcher le même pas, sans le raccourcir, quand même il devroit serrer entièrement sur le peloton qui est devant lui.

Pendant que s'exécutent les mouvemens de rompre et former successivement les pelotons, le chef de bataillon se tient à la hauteur du jalonneur pour le surveiller.

SECTION III.

1. *Mettre des files en arrière.*
2. *Les faire rentrer en ligne.*
3. *Le bataillon étant en marche en colonne, le former par flanc, en marchant.*
4. *Le bataillon étant en marche par le flanc, former les pelotons ou les sections, en marchant.*

1. *Mettre des files en arrière.*

Indépendamment des moyens indiqués dans la leçon précédente pour diminuer de moitié le front des pelotons, on peut encore le réduire à une moindre étendue, en mettant des files en arrière.

Si le chef de bataillon veut faire mettre des files en arrière, ce mouvement peut s'exécuter, ou ensemble dans tous les pelotons de la colonne, ou successivement par chaque peloton, à mesure qu'ils arrivent au point où le front du peloton doit être diminué.

Ce mouvement peut avoir également lieu par la droite ou par la gauche des pelotons, suivant que le terrain l'exige, ou par la gauche et la droite en même temps. Lorsque le mouvement devra s'exécuter simultanément et par la droite des pelotons (supposons que le chef de bataillon veuille ne mettre qu'une file de droite en arrière), il commandera :

Une file de droite en arrière = MARCHE.

Au commandement de MARCHE, répété par chaque chef de peloton, la première file de droite marquera le pas, et le reste du peloton continuera à marcher en avant : l'homme du troisième rang de cette file se portera à gauche, aussitôt que le troisième rang du peloton l'aura dépassé, et se placera derrière la troisième file de ce côté : l'homme du second rang se portera de même derrière la deuxième file, et celui du premier rang derrière la première file, l'un et l'autre, au moment où le troisième rang les aura dépassés.

Chaque homme exécute ce mouvement en avançant un peu l'épaule droite, et en ayant soin de laisser, entre lui et le peloton, l'épaisseur d'un rang.

Si le chef de bataillon veut faire mettre une nouvelle file en arrière, il répète le même commandement.

Au commandement MARCHE, la nouvelle file désignée marque le pas, et exécute tout ce qui a été prescrit pour la première file : celle qui a rompu et qui est déjà placée derrière le peloton, appuie à gauche, de l'épaisseur d'une file, en laissant, entr'elle et le peloton, assez d'espace pour que la file qui rompt puisse s'y placer.

A chaque nouvelle file que le chef de bataillon veut faire porter en arrière, on emploie les mêmes commandemens et les mêmes moyens d'exécution.

Le sergent de remplacement, à mesure que des files se portent en arrière, a soin d'appuyer à gauche.

Si, au lieu de faire porter en arrière des files de *droite*, on doit y faire porter des files de *gauche*, ce mouvement s'exécute par les moyens inverses ; c'est-à-dire, que les hommes de la file qui rompt se portent à droite, en avançant l'épaule gauche.

Dans ce cas, le guide de gauche appuie à droite à mesure que des files de son côté se portent en arrière.

On peut, lorsque les circonstances l'exigent, faire porter en même temps une file de droite et une file de gauche en arrière ; le chef de bataillon commande, à cet effet :

> *Une file de droite et une file de gauche en arrière* ⸺ MARCHE.

Le mouvement s'exécute alors des deux côtés à la fois.

Si le chef de bataillon veut faire porter à la fois, en arrière, plusieurs files de droite, supposons en trois, il commande :

> *Trois file de droite en arrière* ⸺ MARCHE.

Au commandement de MARCHE, répété vivement par les chefs de peloton, les pelotons continuent à marcher en avant et les trois files désignées marquent le pas ; les hommes du troisième rang de ces files, aussitôt que le peloton les a dépassés, viennent se placer, par un mouvement oblique, les uns derrière les autres, à la hauteur de la troisième file de droite du peloton, de manière que l'homme du troisième rang de la troisième file qui rompt, soit immédiatement placé derrière la troisième file du peloton, et ainsi de suite. Les hommes du second rang viennent, à leur tour, aussitôt que le peloton les a dépassés, se placer aussi, par un mouvement oblique, les uns derrière les autres, à la hauteur de la seconde file de droite du peloton : de manière que c'est l'homme du second rang de la troisième file qui rompt, qui se place immédiatement derrière la seconde file du peloton, et ainsi de suite.

Les hommes du premier rang viennent également, aussitôt qu'ils sont dépassés, se placer les uns derrière les autres, à la hauteur de la première file du peloton. Il résulte de cette manœuvre, que ce sont les hommes du premier rang qui sont en dehors, et que les trois rangs des files rompues sont disposés comme si le peloton avoit fait par le flanc gauche et par file *à droite*.

Si le chef de bataillon veut faire porter à la fois plusieurs files de gauche en arrière, il commande.

Trois files de gauche en arrière — MARCHE.

Ce mouvement s'exécute par les moyens inverses : les hommes du premier rang, des files rompues, sont disposés derrière le peloton, comme si le peloton lui-même avait fait par le flanc droit et par file *à gauche*.

Il est bien entendu que ce mouvement peut aussi se faire à la fois par la droite et par la gauche des pelotons, en nombre de files plus ou moins grand.

2. *Faire rentrer des files en ligne.*

Lorsque le défilé qui a forcé de réduire le front des pelotons s'élargit ou est passé, le chef de bataillon peut faire rentrer successivement les files en ligne d'un côté ou de l'autre, ou les faire rentrer toutes à la fois.

Pour faire exécuter ce mouvement (supposons que le chef de bataillon ne veuille faire rentrer en ligne qu'une file de droite), il commande :

Une file de droite en ligne = MARCHE.

Au commandement de MARCHE, répété en même temps par les chefs de pelotons, le sergent de remplacement se porte à droite de l'épaisseur d'une file ; la file désignée, qui est celle qui a rompu la dernière, et qui est placée immédiatement derrière le troisième rang du peloton, rentre vivement en ligne en avançant l'épaule gauche, chaque rang reprenant sa place. À mesure qu'une file rentre en ligne, les files suivantes, et qui sont derrière le peloton, appuient à droite l'épaisseur d'une file, par un mouvement oblique, et serrent sur le peloton.

Chaque fois que le chef de bataillon veut faire rentrer une nouvelle file en ligne, il fait les mêmes commandemens, et les hommes exécutent les mêmes mouvemens.

Si, au lieu de s'opérer par la droite, le mouvement devoit se faire par la gauche, il s'exécuteroit par les moyens inverses ; c'est-à-dire, que le guide de gauche se porteroit à gauche de l'épaisseur d'une file, que les hommes avanceroient l'épaule droite, et que les files suivantes, qui sont derrière le peloton, appuieraient à gauche de l'épaisseur d'une file.

Si le chef de bataillon veut faire rentrer en ligne les trois files de droite, il commande :

Trois files de droite = EN LIGNE.

A ce commandement, vivement répété par les chefs de pelotons, les hommes des files désignées avancent fortement l'épaule gauche, prennent le pas accéléré, et se portent en ligne par le chemin le plus court, en observant de n'y rentrer que l'un après l'autre ; ils prennent alors le tact des coudes à gauche, et se mettent au pas du peloton : les hommes des deux derniers rangs se conforment au mouvement de leurs chefs de file.

Lorsque le mouvement se fait par la gauche, il s'exécute par les moyens inverses; c'est-à-dire, que les hommes avancent fortement l'épaule droite, et prennent le tact des coudes à droite, en arrivant sur la ligne.

Observations.

Les sous-officiers de remplacement et les guides de gauche doivent avoir le plus grand soin d'appuyer contre le peloton, à mesure que les files de leur côté se portent en arrière, de même qu'ils doivent, à mesure que les files rentrent en ligne, appuyer en dehors pour qu'elles puissent se placer entre eux et le peloton.

Les serre-files, à mesure que les files se portent en arrière, se répartissent derrière ce qui reste de la troupe, marchant de front, et reprennent leur place, quand elles sont rentrées en ligne.

Lorsqu'une colonne marche par peloton, si le défaut d'espace oblige de rompre quelques files seulement, le chef de bataillon peut faire mettre des files de droite et des files de gauche en arrière; mais si le défaut d'espace est tel, qu'il faille diminuer le front de moitié, on doit préférer alors de faire rompre les pelotons par section, ce mouvement étant plus régulier et d'une exécution plus facile.

Lorsqu'il n'y aura pas de nécessité à faire porter en arrière des files de droite et des files de gauche en même temps, et, lorsque le terrain le permettra on doit mettre, de préférence, des files en arrière du côté opposé aux guides, plutôt que de leur côté pour ne point faire varier la ligne de direction.

3. *Le bataillon étant en marche en colonne par peloton, le former par le flanc en marchant.*

D'après ce que nous venons de dire, sur la manière de diminuer le front des pelotons, en mettant des files de droite et de gauche en arrière, il est aisé de conclure qu'il n'est pas possible, par ce moyen, de réduire le front au-dessous de quatre files; mais si le défilé ou l'obstacle est tel que ce front ait encore trop d'étendue, le chef de bataillon, au lieu de mettre des files en arrière, rompt la colonne en marchant, et à cet effet commande :

Dans chaque peloton, par le flanc droit et par file à gauche = MARCHE.

Au commandement de MARCHE, répété en même temps par les chefs de peloton, chaque peloton fait vivement par le flanc droit et par file à gauche, et est conduit à la gauche du peloton qui le précède, par son chef, qui est venu se placer à côté du sergent de remplacement, et qui a soin de marcher exactement sur le prolongement du chef de peloton qui précède le sien; à l'instant où le peloton fait par le flanc droit, le guide de gauche passe en serre-file à sa place de bataille.

Les chefs de peloton doivent avoir soin de ne laisser aucun intervalle entre eux et le peloton qui marche immédiatement devant eux, les serre-files doivent veiller à ce que les hommes de leur peloton emboîtent bien le pas, et que chaque homme marche exactement à côté de son chef de file.

Si, au lieu d'être en colonne par pelotons, on est en colonne par section, le chef de bataillon commande :

Dans chaque section, par le flanc droit et par file à gauche = MARCHE.

Au commandement, MARCHE, répété en même temps par les chefs de sections, chaque section fait vivement par le flanc droit et par file à gauche; les chefs des sections impaires et les sergens de remplacement passent à la droite de leur section, et exécutent tout ce qui est prescrit ci-dessus, quand on est en colonne par pelotons; les chefs des sections paires passent à leur place de bataille, un peu avant que leur section ait fait jonction avec la première; le guide de gauche du peloton passe en serre-file, dès l'instant que la colonne fait par le flanc droit et par file à gauche.

4. Le bataillon étant en marche par le flanc, former les pelotons et les sections en marchant.

Le bataillon étant par le flanc, lorsque le chef veut former les pelotons, il commande :

    Par peloton en ligne ⚏ MARCHE.

Au commandement MARCHE, les chefs de peloton font face à leur peloton, pour surveiller l'exécution du mouvement : le sous-officier de remplacement continue à marcher droit devant lui, sans rien changer à la longueur ni à la cadence du pas : tous les hommes, dans chaque peloton, avancent fortement l'épaule droite, et se portent successivement, au pas accéléré, sur la ligne. A mesure qu'ils y arrivent, ils prennent le pas de ceux qui les y ont précédés : les deuxième et troisième rangs se conforment au mouvement du premier, et les hommes se placent correctement derrière leurs chefs de file.

Lorsque le peloton est formé, le chef de peloton se retourne, prend le pas du peloton qui le précède, et commande :

    GUIDE A GAUCHE.

A ce commandement, le guide quitte sa place de serre file, et vient se porter à la gauche du peloton, en se prolongeant sur la direction des guides qui le précèdent, et les hommes prennent alors le tact des coudes à gauche.

Si le chef de bataillon veut former les sections en marchant, il commande :

    Par section en ligne ⚏ MARCHE.

Au commandement MARCHE, l'homme de droite de chaque section continue à marcher droit devant lui, les hommes avancent fortement l'épaule droite, et viennent, ainsi qu'il a été expliqué ci-dessus, se placer successivement en ligne.

Lorsque les sections sont formées, les chefs des

sections paires et ceux des sections impaires qui se
sont portés au centre de leur section , commandent :

GUIDE A GAUCHE.

A ce commandement, les sergens de remplacement
se portent à la gauche des sections impaires , en passant par-devant le front de la section , et les guides de
gauche à la gauche des sections paires , en ayant soin
de se prolonger correctement sur la direction des
guides qui les précèdent.

Si la colonne avoit la gauche en tête, tous les mouvemens s'exécuteroient par les moyens inverses.

Il résulte de cette manœuvre, que, dans une colonne rompue par sections, il n'y a de guides que d'un
seul côté des sections ; à la gauche , si la droite est en
tête ; à la droite, si la gauche est en tête.

CINQUIEME LEÇON.

FORMATION EN BATAILLE.

1. *A gauche en bataille.*
2. *Face à gauche en bataille.*
3. *Sur la droite en bataille.*
4. *Inversion.*
5. *En avant en bataille.*
6. *Double mouvement.*
7. *Face en arrière en bataille.*
8. *Double mouvement.*

Une colonne rompue par pelotons, à distance entière, la droite ou la gauche en tête, peut être mise
en bataille sur quatre faces, et de manière à présenter
son front, ou à gauche ou à droite, ou en arrière , ou
en avant. Nous allons indiquer les manœuvres qu'on
exécute à cet effet.

1. *A gauche en bataille.*

La colonne étant de pied ferme et ayant la droite

en tête, lorsque le chef de bataillon veut la former à gauche en bataille, il commence en se portant, à distance de peloton, en avant du guide de gauche de la tête, et, en lui faisant face, par s'assurer si les guides de gauche sont tous sur la même direction, et s'ils ont leur distance.

S'il juge nécessaire de rectifier la position des guides, il commande :

Guides de gauche = A VOS DISTANCES ET A VOS CHEFS DE FILE.

A ce commandement, les guides s'alignent correctement sur ceux qui le précèdent, en ayant soin de laisser exactement entre eux une distance égale à l'étendue du front de leur peloton (1), le chef de la colonne, après les avoir assurés successivement sur la direction, commande :

A gauche = ALIGNEMENT.

A ce commandement, chaque chef de peloton se porte vivement à deux pas en dehors de son guide, commande, à voix basse, ALIGNEMENT, et aligne son peloton perpendiculairement à la direction de la colonne: l'alignement étant correct, il commande FIXE, et se reporte à deux pas devant le centre de son peloton.

Ces premières dispositions achevées, le chef de la colonne commande :

A gauche EN BATAILLE = MARCHE.

Au commandement *à gauche* EN BATAILLE, le sergent de remplacement du premier peloton se porte sur la direction des guides de gauche, se place en face du premier guide, à une distance un peu moindre que l'étendue du front de son peloton : l'adjudant-major veille à ce que ce sous-officier se place correctement.

Au commandement MARCHE, vivement répété par les chefs de peloton, l'homme de gauche du premier rang de chaque peloton fait *à gauche*, et appuie légèrement sa poitrine contre le bras de son guide, qui

____

(1) *Voyez* la note Leçon 4ᵉ, sect. 1ʳᵉ, nº. 1.

ne bouge pas, et les pelotons conversent à gauche, d'après les principes que nous avons développés pour faire rompre par peloton à droite (1).

Chaque chef de peloton se retourne en faisant face à son peloton, pour veiller à l'exécution du mouvement ; et, lorsque la droite est arrivée à deux pas de la ligne de bataille, il commande : *peloton* = HALTE, et se porte sur la ligne, à côté de l'homme de gauche du peloton placé à sa droite ; il s'aligne correctement de sa personne, et commande ensuite *à droite* = ALIGNEMENT.

A ce commandement, le peloton vient s'encadrer entre son chef et l'homme de gauche du premier rang : ce chef de peloton en dirige l'alignement, et commande, lorsque l'alignement est correct : FIXE.

Le chef de bataillon, pour faire rentrer à leurs places les guides de gauche qui sont restés sur la ligne, commande :

GUIDES = A VOS PLACES.

A ce commandement, les guides reprennent leurs places de bataille, en passant par le créneau du chef de peloton le plus près d'eux, lequel s'efface en faisant un *à gauche* en dehors de la ligne, tandis que le sous-officier de remplacement s'efface en faisant un *à droite* en arrière de la ligne, pour laisser passage au guide.

---

(1) Le moyen que nous avons détaillé pag. 67, Leçon 3ᵉ, nᵒ 1, pour passer de l'ordre en bataille à l'ordre en colonne, et que nous rappelons ici, est une *conversion de pied ferme*.

Dans la conversion de pied ferme, l'homme qui est au pivot de la conversion ne fait que tourner sur place sans avancer ni reculer ; le tact des coudes se fait toujours sentir du côté du pivot, et la tête est tournée du côté opposé, afin, 1ᵒ que le peloton ne se désunisse pas, et 2ᵒ, que chaque homme puisse régler et raccourcir son pas relativement au mouvement progressif de l'homme qui est à l'extrémité de l'aile marchante, et qui fait toujours le pas de deux pieds, en parcourant une portion de cercle et en avançant l'épaule droite ; toutes les fois que l'on converse de pied ferme, les alignemens se prouvent du côté opposé au pivot.

Nous avons indiqué plus haut, page 79, la différence essentielle qui existe entre une conversion de pied ferme et une conversion en marchant.

Le chef de bataillon se porte à la droite, pour s'assurer de l'alignement, et le fait rectifier par les chefs de peloton, s'il y a lieu.

Lorsque la colonne a la gauche en tête, elle se forme *à droite en bataille*, d'après les mêmes principes, mais par les moyens inverses.

Le chef de bataillon rectifie la position des guides de droite par les moyens indiqués pour les guides de gauche.

Au commandement *à droite* — EN BATAILLE, le guide de gauche du dernier peloton, exécute ce qui est prescrit pour le sergent de remplacement, du premier peloton, au commandement *à gauche en bataille*, et il vient se placer sur le prolongement des guides de droite à une distance un peu moindre que l'étendue du front de son peloton.

Dans la formation *à droite en bataille*, les chefs de peloton alignent leur peloton à gauche, et restent à la gauche de leur peloton jusqu'au commandement : *guides* — A VOS PLACES, qu'ils reprennent leurs places de bataille, ainsi que les sergens de remplacement qui ont jalonné la ligne.

2. Face à gauche en bataille.

Une colonne, à distance entière, la droite en tête peut encore se former en bataille à gauche par le mouvement *face à gauche en bataille.*

Cette manœuvre n'est pas indiquée dans l'ordonnance de 1791 ; mais nous croyons utile de la faire connaître, parce qu'il y a beaucoup de circonstances où on peut être forcé d'y avoir recours, et qu'elle peut se faire également la colonne étant, ou de pied ferme, ou en marche.

Elle s'exécute par les commandemens et les moyens suivans ; et nous l'appliquerons ici à une colonne en marche.

Le chef de bataillon commande :

Face à gauche en bataille — *bataillon* — GUIDES
A DROITE.

A ce commandement, la direction se prend à droite,

en marchant, et les guides de ce côté s'alignent correctement les uns sur les autres ; lorsqu'ils sont sur le même prolongement, le chef de bataillon commande :

Dans chaque peloton par le flanc droit et par file à gauche = MARCHE.

Au commandement d'avertissement, *dans chaque peloton par le flanc droit et par file à gauche*, les chefs de peloton se portent à la droite de leur peloton, et à celui d'exécution, MARCHE, vivement répété par eux, les pelotons font *par le flanc droit* et *par file à gauche*; les guides de droite ne font pas le mouvement de flanc, mais se portent deux pas en avant ; et s'arrêtent ; les guides de gauche rentrent à leur place de bataille ; les chefs de pelotons conduisent leur peloton perpendiculairement, par file à gauche, en passant à deux pas en arrière de leur guide de droite ; et, lorsque l'avant-dernière file de gauche est à la hauteur de ce guide, ils commandent :

Peloton = HALTE = FRONT.

Au commandement de HALTE, les pelotons s'arrêtent; à celui de FRONT, ils font face par le premier rang ; les chefs s'alignent sur l'homme de gauche du peloton qui les précède, et commandent ensuite :

A droite = ALIGNEMENT.

Au commandement d'ALIGNEMENT, les hommes s'alignent à droite, de manière que celui qui correspond au guide, appuie sa poitrine contre son bras droit ; lorsque l'alignement est rectifié dans chaque peloton, et que les chefs ont commandé FIXE, le chef de bataillon commande :

GUIDES = A VOS PLACES.

A ce commandement, les sergens de remplacement qui jalonnoient la ligne, reprennent leur place de bataille, en passant pardevant le front des pelotons (1).

Il est aisé de voir que, dans cette manœuvre, la ligne

---

(1) Au commandement dans *chaque peloton par le flanc droit et par file à gauche* — MARCHE; l'adjudant-major place promptement un jalonneur au point où doit s'appuyer la droite du premier peloton et sur la direction des guides de droite.

de bataille est déterminée par les guides de droite, au lieu de l'être par les guides de gauche, comme cela a lieu lorsqu'on se met simplement *à gauche en bataille*, et que, par conséquent, on a gagné un espace égal à l'étendue du front des pelotons; on préviendroit, par ce moyen, le double mouvement, de faire porter le bataillon en arrière et de l'aligner; si la colonne étoit engagée, ou sur une route, ou dans une rue, dont les pelotons occuperoient toute la largeur, et qu'elle dût se former en bataille pour laisser passer ou une troupe, ou l'Empereur, et rendre les honneurs, etc.

Si la colonne avoit la gauche en tête, cette manœuvre s'exécuteroit par les moyens inverses; mais, dans ce cas, le bataillon, au lieu de faire face *à gauche*, feroit face à droite, et on devroit commander *face à droite, en bataille = Bataillon =* GUIDES A GAUCHE; les pelotons feroient *par le flanc gauche* et *par file à droite*; les guides de gauche jalonneroient la ligne, et les alignemens se prendroient à gauche; au commandement de *guides à vos places*, les chefs de pelotons reprendroient, ainsi que les guides, leurs places de bataille.

3. *Sur la droite en bataille.*

La colonne étant à distance entière, la droite en tête, si le chef de bataillon veut la former sur la droite en bataille, il doit d'abord faire placer, par l'adjudant-major, au point où il doit faire appuyer le premier peloton, deux jalonneurs : ce point doit être établi à une certaine distance en avant de la tête de la colonne, et sur la droite, de manière que le peloton ait au moins quatre pas à faire après avoir tourné; les jalonneurs y sont placés de façon à présenter l'épaule droite au bataillon formé, et à laisser entre eux un espace moindre que l'étendue du front du premier peloton.

Lorsque ces dispositions sont faites, et que la colonne est près d'arriver au point indiqué, le chef de bataillon commande :

> *Sur la droite en bataille = bataillon =* GUIDE A
>   DROITE,
> Au commandement : *bataillon =* GUIDES A DROITE,

la direction se prend à droite ; le guide de droite du premier peloton marche droit devant lui , et les guides suivans s'alignent, en marchant exactement dans la trace de celui qui les précède.

Lorsque le premier peloton est près d'arriver à la hauteur du premier jalonneur , le chef de peloton commande : *tournez à droite*, et MARCHE, lorsqu'il y est parvenu. A ce dernier commandement , le peloton *tourne à droite*, par le principe des changemens de direction du côté du guide (1), et le guide de droite se dirige de manière à faire arriver l'homme de droite de son peloton vis à-vis le premier jalonneur ; le chef de peloton marche toujours en avant du centre de son peloton , et, à deux pas des jalonneurs, il commande : *peloton* = HALTE = *à droite*, ALIGNEMENT. Au premier commandement, le peloton s'arrête; et à celui d'*à droite*, ALIGNEMENT, il s'aligne de manière que les deux hommes du premier rang , correspondant aux deux jalonneurs, appuient légèrement leur poitrine contre leur bras droit : le guide de gauche se remet en serre-file ; le chef de peloton , placé à la droite de son peloton , en assure l'alignement , et commande : FIXE.

Le second peloton continuera à marcher droit devant lui ; et, lorsqu'il sera arrivé à la hauteur de la file de gauche du peloton, déjà établi sur la ligne, il *tournera à droite* au commandement de son chef ; le guide de droite se dirigera de manière à arriver à la gauche du dernier homme du premier peloton : à deux pas de la ligne de bataille, le chef de peloton commandera : *deuxième peloton* = HALTE. Le peloton s'arrêtera ; le guide de gauche se portera sur la ligne, faisant face aux jalonneurs, et il sera assuré, dans leur direction, par l'adjudant-major, dans le demi-bataillon de droite, par l'adjudant, dans le demi bataillon de gauche : le chef de peloton, après s'être aligné correctement sur l'homme de gauche du premier peloton , commandera : *à droite* = ALIGNEMENT. A ce commandement, le peloton s'alignera *à droite*, et le chef commandera ensuite : FIXE.

____

(1) *Voyez* pag. 78 , Leçon 4ᵉ, n° 3 , sect. 1ʳᵉ.

Les autres pelotons viendront successivement, et par les mêmes moyens, se placer sur la ligne de bataille : lorsqu'ils y seront tous établis, le chef de bataillon, après avoir vérifié l'alignement, commandera : *guides* = A VOS PLACES. A ce commandement, les deux jalonneurs se retireront, et les guides rentreront à leurs places de bataille par le créneau le plus près d'eux.

Si la colonne avoit la gauche en tête, cette manœuvre se feroit par les moyens inverses ; mais le bataillon se formeroit sur la gauche au lieu de se former sur la droite, et l'on commanderoit : *sur la gauche en bataille.*

Ce mouvement s'exécute ordinairement la colonne étant en marche, mais il est aisé de voir qu'il peut s'appliquer aussi à une colonne de pied ferme.

4. *Inversion.*

Il peut arriver quelquefois qu'une colonne étant, de pied ferme, la droite en tête, doive se mettre en bataille de manière à faire face au flanc droit, et qu'il faille exécuter cette manœuvre par le moyen le plus prompt, alors le chef de bataillon commande :

> *Par inversion à droite*, EN BATAILLE = *bataillon* = GUIDES A DROITE.

Au commandement, *par inversion à droite* = EN BATAILLE, l'adjudant-major se place un peu en avant et en face du guide de droite du premier peloton, et l'adjudant un peu en arrière du guide de droite du dernier.

Le guide de gauche du premier peloton se porte sur le prolongement des guides de droite, en laissant entre le premier guide et lui une distance un peu moindre que l'étendue du front de son peloton.

Au commandement, *bataillon* = GUIDES A DROITE, l'adjudant-major et l'adjudant alignent promptement les guides de droite.

Lorsque les guides sont correctement alignés, le chef de bataillon commande, MARCHE.

A ce commandement, l'homme de droite du premier rang de chaque peloton fait *à droite*, et appuie sa poitrine contre le bras gauche du sous-officier de remplacement qui ne bouge pas : chaque peloton converse par le principe des conversions de pied ferme (1); les chefs de peloton aligneront leur peloton à gauche après s'être placés à la droite du premier homme du peloton qui est à leur gauche.

Lorsque le bataillon est formé, le chef de bataillon commande : *guides* = A VOS PLACES; alors les chefs de peloton, les sergens de remplacement et le guide de gauche du premier peloton, rentrent à leurs places de bataille.

Pour rétablir la colonne, la droite en tête, on rompra *par peloton à gauche* et *par peloton à droite* pour la rétablir, la gauche en tête.

5. *En avant en bataille.*

Supposons que la colonne, à distance entière, la droite en tête, doive être mise en bataille, perpendiculairement à sa ligne de direction, et faire face au point vers lequel elle se dirige, la droite de la ligne de bataille devant être placée à la hauteur du premier peloton; le chef de bataillon désignera l'endroit où sa droite devra s'appuyer, et le point de direction de gauche de la ligne de bataille; deux jalonneurs seront établis, par les soins de l'adjudant - major, sur le point indiqué, de manière à présenter l'épaule droite au bataillon formé, et à laisser entre eux un espace moindre, que l'étendue du front du premier peloton.

Lorsque la colonne sera arrivée à environ distance de peloton des deux jalonneurs, le chef de bataillon, après avoir arrêté la colonne, fera porter le premier peloton contre les deux jalonneurs; le chef de peloton s'y établira, alignera son peloton de manière que les deux hommes correspondant aux deux jalonneurs appuient leur poitrine contre leur bras droit, se portera ensuite à sa place de bataille, assurera l'alignement

---

(1) *Voyez* page 78, Leçon 3e, n° 1.

et commandera FIXE : le guide de gauche, au commandement de HALTE, rentrera en serre-file.

Le premier peloton ainsi établi, le chef de bataillon commandera : *en avant en bataille* = *bataillon* = *guides à droite* = *par peloton* = *demi à gauche* = MARCHE.

Au commandement de MARCHE, répété par chaque chef de peloton, tous les pelotons de la colonne converseront de pied ferme. Au moment où le chef de bataillon jugera qu'ils ont suffisamment conversé, il commandera : *en avant* = MARCHE.

Au commandement MARCHE, répété par les chefs de peloton, les pelotons cesseront de converser ; le guide du premier peloton se dirigera droit devant lui, et ceux des pelotons suivans se porteront en avant, et en suivant la trace de la file du peloton précédent, qui se trouve devant eux, jusqu'au moment où ce peloton *tournera à droite*, pour se porter sur la ligne de bataille ; alors ils cesseront de suivre cette file, et continueront à marcher droit en avant.

Deux pas avant que le guide de droite de chaque peloton arrive vis-à-vis la file gauche du peloton qui doit le précéder sur la ligne de bataille, le chef de peloton commandera : *tournez à droite*, et MARCHE au moment où il sera à la hauteur de cette file.

Au commandement MARCHE, le peloton *tournera*, et le guide de droite se dirigera, comme il vient d'être dit, à la formation, *sur la droite en bataille*. A deux pas de la ligne de bataille, le peloton sera arrêté par son chef, le guide de gauche se portera sur la ligne, vis-à-vis l'une des trois files de gauche de son peloton, et il sera assuré, par l'adjudant-major, dans la direction des autres guides : le chef de peloton, après s'être aligné sur l'homme de gauche du peloton qui le précède, commandera *à droite* = ALIGNEMENT, et FIXE lorsque l'alignement sera correct.

La formation étant achevée, le chef de bataillon, après s'être assuré de l'exactitude de l'alignement, commandera : *guides* = A VOS PLACES. Les guides rentreront en serre-files par le créneau le plus près d'eux.

Cette manœuvre s'exécutera, la gauche en tête, par les moyens et les commandemens inverses. Les guides seront *à gauche* ; les conversions se feront *à droite* ; les *guides de droite* jalonneront la ligne ; et les alignemens, à mesure que les pelotons arriveront sur la ligne de bataille, se prendront *à gauche*.

Toutes les fois qu'une colonne, comme nous l'avons supposé au commencement de cet article, doit être mise en bataille, faisant face au point de sa direction, cela s'appelle *arriver par derrière la ligne de bataille* ; et effectivement, la ligne de bataille sur laquelle la colonne doit se développer, se trouve en avant d'elle, et regardant du même côté.

La colonne, arrivant ainsi *par derrière la ligne de bataille*, peut y être établie de trois manières, selon les trois suppositions suivantes :

Première, la droite devant s'appuyer où est déjà la tête de la colonne.

Deuxième, la gauche devant se trouver où est la droite.

Troisième, le centre de la ligne de bataille devant être établi où est la tête de la colonne.

Dans le premier cas, on commandera : *en avant en bataille*.

Dans le deuxième, on fera changer de direction à droite, en-deçà et à quatre pas de la ligne de bataille ; et, lorsque le dernier peloton aura conversé, on arrêtera la colonne, et on commandera : *à gauche en bataille*.

Dans le troisième, on se formera en bataille, *par un double mouvement*, ainsi qu'il suit :

6. *En avant en bataille par un double mouvement.*

Le chef de bataillon, après avoir fait changer de direction *à droite*, en-deçà de la ligne de bataille, arrêtera la colonne au moment où la moitié des pelotons aura conversé : il commandera ensuite : *à gauche*

EN BATAILLE. *Les* (désigner le nombre des pelotons) *derniers pelotons*, **EN AVANT** ⹀ **EN BATAILLE.**

A ce commandement, les chefs des derniers pelotons désignés commanderont : *guides à droite* ⹀ *par pelotons demi à gauche ;* et au commandement **MARCHE**, fait par le chef de bataillon, et répété vivement par eux, leurs pelotons exécuteront ce qu'ils auront prescrit.

Ce double mouvement s'exécutera, pour les premiers pelotons, par les moyens indiqués plus haut, et, pour les derniers, par ceux indiqués ici.

7. *Face en arrière en bataille.*

Supposons que la colonne, à distance entière, la droite en tête, doive être mise en bataille perpendiculairement à sa ligne de direction, de manière à faire face en arrière, la droite devant être appuyée en face du premier peloton, le chef de bataillon désignera le point où devra être appuyée la droite, et le point de direction de gauche de la ligne de bataille : deux jalonneurs seront établis, par les soins de l'adjudant-major, sur le point indiqué, ainsi que nous l'avons expliqué à la formation en avant en bataille.

La tête de la colonne étant arrivée à environ distance de peloton des jalonneurs, le chef de bataillon arrêtera la colonne, et ordonnera au chef du premier peloton de l'établir, face en arrière, derrière les deux jalonneurs.

Le chef du premier peloton fera faire *par le flanc droit*, et conduira son peloton en arrière des deux jalonneurs, lui fera faire *front*, et l'alignera correctement à droite, en ayant soin que les hommes du premier rang correspondant aux deux jalonneurs appuient leur poitrine contre leur bras droit.

Dans cette position, le premier peloton fera face à la colonne, et, aussitôt qu'il sera établi, le chef de bataillon commandera :

Face en arrière en bataille ⹀ *bataillon par le flanc droit* ⹀ **A DROITE** ⹀ **MARCHE.**

Au commandement *par le flanc droit* ═ A DROITE , tous les pelotons, excepté le premier déjà établi sur la ligne , feront par le flanc droit ; les chefs de peloton se placeront à côté de leur guide de droite.

Au commandement MARCHE, tous les pelotons qui ont fait *à droite* se mettront en marche et se dirigeront diagonalement sur la ligne de bataille : le guide de gauche de celui qui est le plus près de la ligne de bataille, se détachera vivement pour aller jalonner la ligne ; il s'y placera, et sera assuré dans la direction des deux jalonneurs, par les soins de l'adjudant-major ; il indiquera ainsi au chef de son peloton le point où il devra traverser la ligne de bataille, la dépasser de deux pas , et tourner ensuite par file à gauche, de manière à diriger son peloton parallèlement à cette ligne.

Aussitôt que la première file de ce peloton sera arrivée près de la file de gauche du peloton déjà formé sur la ligne, le chef de peloton commandera : *peloton* ═ HALTE ═ FRONT ; *à droite* ═ ALIGNEMENT.

Au commandement de HALTE, le peloton s'arrêtera ; au commandement de FRONT, le peloton fera face par le premier rang ; le chef de peloton se placera à côté de l'homme de gauche du peloton qui est à sa droite , s'alignera sur le premier rang de ce peloton, et commandera *à droite* ═ ALIGNEMENT ; à ce commandement , le peloton s'alignera , et le chef de peloton commandera ensuite FIXE.

Tous les pelotons se porteront de même diagonalement sur la ligne de bataille , chacun d'eux se réglant, pour le chemin à parcourir, sur celui qui doit entrer en ligne avant lui : à mesure que les pelotons arriveront à environ douze pas de la ligne, les guides de gauche se détacheront vivement et s'y placeront de manière à correspondre à l'une des trois files de gauche de leur peloton, et seront assurés , par l'adjudant-major ou l'adjudant, sur la direction des guides déjà établis.

La formation étant achevée, le chef de bataillon , après avoir vérifié l'alignement , commandera : *Guides* ═ A VOS PLACES.

5**

A ce commandement, les guides rentreront en serre-file, par le créneau le plus près d'eux.

Cette manœuvre s'exécutera la gauche en tête, par les commandemens et les moyens inverses.

Les pelotons feront par le flanc gauche, tourneront par file à droite quand ils devront traverser la ligne de bataille, les guides de droite jalonneront la ligne; les ali-gnemens, à mesure que les pelotons y arriveront, se prendront à gauche.

Toutes les fois qu'une colonne, comme nous l'avons supposé au commencement de cet article, doit être mise en bataille *face en arrière*; c'est-à-dire faisant face au côté par lequel elle arrive, cela s'appelle *arriver par devant la ligne de bataille*; et effectivement la ligne sur laquelle la colonne va se développer est devant elle, et elle doit la traverser pour s'y placer en bataille.

La colonne arrivant ainsi *pardevant la ligne de bataille*, peut y être établie de trois manières, suivant les trois suppositions suivantes :

Première. La droite devant s'appuyer en face du point où est la tête de la colonne.

Deuxième. La gauche devant se trouver en face de ce point.

Troisième. Le centre de la ligne devant être établi en face de ce même point.

Dans le premier cas, on commandera : *Face en ar-rière en bataille.*

Dans le second, après avoir fait traverser la ligne de bataille par la colonne, on la fera changer de direction à gauche, à quatre pas de cette ligne; et lorsque le dernier peloton aura traversé la ligne et terminé son changement de direction, on arrêtera la colonne, et on commandera : *A gauche* = EN BATAILLE.

Dans le troisième, on se formera face en arrière en ataille par un double mouvement, ainsi qu'il suit :

8. *Face en arrière en bataille, par un double mouvement.*

Après avoir fait traverser la ligne de bataille, le chef

fera changer de direction à gauche ; et lorsque la moitié des pelotons aura conversé, il arrêtera la colonne, et commandera *à gauche* EN BATAILLE.

Les (désigner le nombre) *derniers pelotons, face en arrière* = EN BATAILLE.

A ce commandement, les chefs des derniers pelotons désignés commanderont : *Peloton, par le flanc droit* = A DROITE. A ce commandement, les pelotons feront *à droite*; et au commandement de MARCHE, fait par le chef de bataillon, et répété vivement par eux, ce double mouvement s'exécutera, pour les premiers pelotons, d'après les principes développés précédemment, et, pour les derniers, par ceux indiqués ici.

Première observation.

Il résulte des manœuvres que nous venons de détailler, qu'il n'y a que deux cas où une colonne, à distance entière, se forme en bataille par le flanc des pelotons ; savoir : *face à gauche*, et *face en arrière en bataille*, mais que toutes les autres formations en bataille s'exécutent par le front des pelotons.

Deuxième observation.

Si la colonne qui doit se mettre *en avant en bataille*, est composée de plusieurs bataillons, il n'y a que le premier qui exécute de suite ce mouvement.

Au commandant d'avertissement *en avant en bataille*, fait par le chef du premier bataillon, les autres chefs de bataillon commandent : *tête de colonne à gauche*.

Au commandement d'exécution MARCHE, fait par le chef de la colonne, le premier bataillon exécute son mouvement, le premier peloton de chacun des autres bataillons ayant tourné à gauche, les bataillons se portent sur la ligne de bataille par une diagonale.

A mesure que chaque bataillon arrive au point où doit appuyer sa droite, et qui est marqué d'avance par

, l'adjudant-major, le chef commande : *en avant en bataille*.

Cette observation s'applique également à une colonne de plusieurs bataillons qui doit se former, *face en arrière en bataille* ; mais au lieu de commander : *tête de colonne à gauche*, le chef du second bataillon et ceux des autres commandent : *tête de colonne à droite*, et le mouvement s'exécute en diagonale par *la droite*.

SIXIÈME LEÇON.

PLOIEMENT DU BATAILLON EN COLONNE SERRÉE.

1. *Colonne serrée par peloton en arrière sur le premier peloton.*
2. *Colonne serrée par peloton en avant sur le dernier peloton.*
3. *Colonne serrée par peloton en avant sur le premier peloton.*
4. *Colonne serrée par peloton en arrière sur le dernie· peloton.*
5. *Colonne serrée par peloton sur le centre la droite en tête.*
6. *Colonne serrée par peloton sur le centre la gau en tête.*
7. *Colonne d'attaque.*

1. *Colonne serrée par peloton, en arrière sur le premier peloton.*

Nous venons de développer les manœuvres par lesquelles une colonne à distance entière se met en mouvement, change de direction, et passe de l'ordre en colonne à l'ordre en bataille, de manière à faire face de tous côtés, nous allons maintenant donner les moyens de ployer un bataillon en colonne serrée, de mettre cette colonne en mouvement, et de la faire changer de direction ; nous indiquerons aussi le principe des contre-marches en colonne serrée.

Si le chef de bataillon veut ployer le bataillon en co-

lonnè serrée sur lè premier peloton, et que la droite
soit en tête , il commande :

*Colonne serrée par peloton , sur le premier pelo-
ton , en arrière ,* EN COLONNE.

A ce commandement , tous les chefs de pelotons se
portent à deux pas devant le centre de leur peloton , et
préviennent qu'on va faire *par le flanc droit.* Le premier peloton étant celui sur lequel le bataillon doit se
ployer, son chef le prévient de ne pas bouger.

Le chef de bataillon commande ensuite :

Bataillon par le flanc droit = A DROITE.

Au commandement A DROITE , tous les pelotons , excepté le premier , font par *le flanc droit* ; chaque chef se
porte à la droite de son peloton , fait déboiter en arrière les trois premières files ; le sergent de remplacement se met devant l'homme du premier rang de la première file, pour le conduire , et le chef de peloton se
place à côté de lui. Ces dispositions faites , le chef de
bataillon commande :

MARCHE.

Au commandement MARCHE, le chef du premier peloton commande GUIDE A GAUCHE. Le guide de ce peloton se porte de suite à la gauche , et les serres-files appuient à un pas du troisième rang. Tous les autres pelotons conduits par leur chef se mettent en marche pour
prendre place dans la colonne ; le deuxième peloton
gagne, en tournant par file en arrière, l'espace de trois
pas , qui doit le séparer du premier , et se dirige ensuite de manière à entrer dans la colonne, carrément et
parallèlement à ce peloton ; les autres se règlent sur le
deuxième , et se dirigent de manière à entrer de même
dans la colonne, et à laisser entre eux et le peloton qui
les précède immédiatement , l'espace de trois pas.

Chaque chef conduit son peloton ; mais lorsqu'il est
arrivé à la hauteur du guide de gauche du peloton qui
le précède, il s'arrête, laisse filer son peloton , et , à
l'instant où la dernière file le dépasse , il commande :

Peloton = HALTE.

A ce commandement, le peloton s'arrête, le guide de gauche se place promptement sur la direction et à *cinq pas* du guide qui le précède immédiatement. Le chef de peloton commande : FRONT, se porte à deux pas en dehors de son guide, commande *à gauche* = ALIGNEMENT, aligne son peloton, et lorsque l'alignement est correct, il commande FIXE, et se place à un pas devant le centre de son peloton : les serres-files serrent à un pas du troisième rang.

2. *Colonne serrée, en avant sur le dernier peloton.*

Si le chef de bataillon veut ployer le bataillon en colonne serrée, sur le *dernier peloton*, la droite en tête, il commande :

Colonne serrée par peloton = *sur le dernier peloton* = EN AVANT EN COLONNE.

A ce commandement, tous les chefs de pelotons se portent à deux pas devant le centre de leur peloton, et préviennent qu'on va faire *par le flanc gauche.*

Le dernier peloton étant celui sur lequel le bataillon doit se ployer, son chef le prévient de ne pas bouger.

Le chef de bataillon commande ensuite :

Bataillon par le flanc gauche. = A GAUCHE.

Au commandement *à gauche*, tous les pelotons, excepté le dernier, font *par le flanc gauche* ; chaque chef se porte à la gauche de son peloton, fait déboîter en avant les trois premières files ; le guide de gauche se place devant l'homme du premier rang de la dernière file, pour le conduire : et le chef de peloton à côté de ce guide.

Ces dispositions faites, le chef de bataillon commande :

MARCHE.

A ce commandement, le chef du dernier peloton commande *guide à gauche* ; les serre-files appuient à un pas du troisième rang, et le guide de gauche reste au flanc gauche du peloton. Tous les pelotons, conduits par leur chef, se mettent en marche pour prendre place dans la colonne ; l'avant-dernier peloton gagne, en tournant, par file en avant, l'espace de trois pas, qui doit le séparer du dernier peloton, et se dirige ensuite de manière à entrer carrément dans la colonne et parallèlement à ce peloton ; les autres se règlent sur l'avant-dernier, et se dirigent de manière à entrer de même dans la colonne et à laisser entre chacun d'eux l'espace de trois pas. Chaque chef conduit son peloton jusqu'à ce qu'il soit arrivé à la hauteur du guide de gauche du peloton de direction ; il s'arrête, commande : *Peloton* = HALTE. A ce commandement, le peloton s'arrête, le guide de gauche se place promptement sur la direction, à cinq pas du guide déjà placé, et lui faisant face, le chef de peloton se porte à deux pas en dehors de son guide, commande FRONT = *à gauche* = ALIGNEMENT, aligne son peloton ; et lorsque l'alignement est correct, il commande FIXE, et se place à un pas devant le centre de son peloton ; les serre-files appuient à un pas du troisième rang.

Le mouvement terminé, le chef de bataillon commande :

Guides = *demi-tour* = A DROITE.

A ce commandement, les guides, qui faisoient face en arrière, se remettent face en tête.

3. *Colonne serrée, en avant sur le premier peloton.*

Si le chef de bataillon veut ployer le bataillon en colonne serrée sur le premier peloton, la gauche en tête, il commande :

Colonne serrée par peloton = *Sur le premier peloton* = *en avant* = EN COLONNE.

A ce commandement, tous les chefs de peloton se portent au centre de leur peloton, et préviennent qu'on va faire par le flanc droit, et celui du premier peloton prévient le sien de ne pas bouger.

Au commandement *par le flanc droit* = A DROITE, fait par le chef de bataillon, tous les pelotons font *par le flanc droit*, chaque chef de peloton fait déboîter en avant les trois premières files, et se place à côté de son sergent de remplacement.

Au commandement MARCHE du chef de bataillon, le chef du premier peloton commande : GUIDE A DROITE.

Tous les autres pelotons se mettent en marche ; le second peloton gagne en tournant, *par file à gauche*, l'espace de trois pas qui doit le séparer du premier peloton, et entre carrément dans la colonne ; les autres se dirigent sur le deuxième, et y entrent de même carrément.

Le chef du second peloton le conduit jusqu'à ce qu'il soit arrivé à la hauteur du guide de droite, du premier peloton, s'arrête, et commande : *peloton* = HALTE. A ce commandement, le peloton s'arrête, le sergent de remplacement se place à cinq pas de distance et faisant face au guide de droite du premier peloton.

Le chef de peloton commande FRONT, se porte à deux pas en dehors de son guide, commande *à droite* = ALIGNEMENT, et après avoir aligné son peloton, il commande FIXE, et se porte au centre.

Tous les pelotons exécutent ce qui vient d'être prescrit.

Le mouvement terminé, le chef de bataillon commande :

Guides = *demi-tour* = A DROITE.

A ce commandement, les guides qui faisoient face en arrière se remettent face en tête.

4. *Colonne serrée, en arrière sur le dernier peloton.*

Pour ployer le bataillon en colonne serrée sur le dernier peloton la gauche en tête il commande :

Colonne serrée par peloton = *sur le dernier peloton* = *en arrière* = EN COLONNE.

A ce commandement, les chefs de peloton se portent

au centre de leur peloton, préviennent qu'on va faire par le *flanc gauche*.

Le chef du dernier peloton prévient le sien de ne pas bouger.

Au commandement :

Par le flanc gauche = A GAUCHE.

Tous les pelotons, excepté le dernier, font *par le flanc gauche* ; chaque chef de peloton se porte à la gauche de son peloton et à côté de son guide de gauche, et fait déboîter en arrière les trois premières files de gauche.

Au commandement :

MARCHE.

Le chef du dernier peloton commande GUIDE A DROITE. Tous les autres pelotons, conduits par leur chef, se mettent en marche : le neuvième peloton gagne, en tournant par file en arrière, l'espace de trois pas qui doit le séparer du dernier peloton, et entre carrément dans la colonne.

Chaque chef conduit son peloton, mais au moment où il arrive à la hauteur du guide de droite du peloton de direction, il laisse filer son peloton et lorsque son sergent de remplacement l'a dépassé, il commande :

Peloton = HALTE.

Le peloton s'arrête, le sergent de remplacement se place *à cinq pas,* et faisant face, au guide qui le précède.

Le chef de peloton commande FRONT, se porte à deux pas en dehors de son sergent de remplacement, aligne son peloton à droite, et après avoir commandé FIXE, se reporte au centre de son peloton.

5. *Colonne serrée par peloton sur un des pelotons du centre, la droite en tête.*

Si le chef de bataillon veut ployer le bataillon en coonne serrée sur un des pelotons du centre, la droite en tête, il commande.

> *Colonne serrée par peloton, sur le cinquième peloton, la droite en tête* = EN COLONNE.

A ce commandement, tous les chefs de peloton se portent à deux pas devant le centre de leur peloton, et préviennent, savoir, celui du cinquième, qu'il ne bouge pas, ceux des pelotons qui sont à la droite du cinquième, qu'ils vont faire par *le flanc gauche*, et ceux qui sont à sa gauche, qu'ils vont faire par *le flanc droit*.

Ces dispositions faites, le chef de bataillon commande :

> *Bataillon par le flanc gauche et le flanc droit* = A GAUCHE ET A DROITE.

A ce commandement, tous les pelotons exécutent ce qui a été indiqué par leur chef. Le chef de bataillon commande ensuite :

> MARCHE.

Au commandement MARCHE, le chef du cinquième peloton exécute et fait exécuter tout ce qui est prescrit au chef du premier peloton, lorsque c'est sur lui que l'on ploie le bataillon en arrière ; les pelotons de droite exécutent tout ce qui est prescrit, lorsque l'on ploie le bataillon en avant sur le dernier peloton, et les pelotons de gauche font tout ce qui est prescrit, lorsque l'on ploie le bataillon en arrière sur le premier peloton.

Le mouvement terminé, le chef de bataillon commande :

> *Guides, demi-tour* = A DROITE.

A ce commandement, les guides de gauche des quatre premiers pelotons qui faisoient face en arrière, se remettent face en tête.

6. *Colonne serrée par peloton sur l'un des peloton du centre, la gauche en tête.*

Si la colonne doit être ployée en colonne serrée sur

l'un des pelotons du centre la gauche en tête, le chef de bataillon commande :

Colonne serrée par peloton = *Sur le cinquième peloton* = *la gauche en tête* = EN COLONNE.

A ce commandement, les chefs de pelotons exécutent les mouvemens préparatoires, déjà indiqués.

Le chef de bataillon commande ensuite :

Bataillon par le flanc gauche et le flanc droit = A GAUCHE ET A DROITE.

Le chef du cinquième peloton commande :

GUIDE A DROITE.

Les quatre premiers pelotons font par le *flanc gauche*, et déboîtent *en arrière*; les cinq derniers font par le *flanc droit*, et déboîtent *en avant*; ils vont ensuite prendre place dans la colonne en se conformant ainsi que leurs chefs à ce qui a été prescrit plus haut.

Le mouvement terminé, au commandement de *guides* = *demi tour* = A DROITE, les guides qui faisoient face en arrière, font face en tête.

Observation.

Il résulte des différentes manœuvres que nous venons de développer, que l'on peut ployer le bataillon en colonne serrée, *en arrière ou en avant*, sur le premier ou le dernier peloton, ou sur un des pelotons du centre, *la droite ou la gauche en tête*. C'est le terrain qui détermine le choix du peloton sur lequel on doit ployer le bataillon.

Règles générales. Si l'on veut se ployer sur le premier peloton *en avant en colonne*, tous les pelotons qui sont à *la gauche* de ce peloton, font par *le flanc droit*, et déboîtent en avant ; et lorsque les pelotons sont entrés dans la colonne, dont la direction est *à droite*, puisque la gauche doit se trouver en tête, les sergens de remplacemens se portent sur cette direction et font *face en arrière*.

Si, au contrair , le ploiement se fait en arrière du

premier peloton, le bataillon fait également par *le flanc droit*, mais les pelotons déboîtent en arrière, et la direction est *à gauche*, puisque la droite doit se trouver en tête.

Si c'est sur le dernier peloton qu'on veut ployer le bataillon *en avant*, le bataillon fait par *le flanc gauche*; les pelotons déboîtent en avant, et la direction se prend *à gauche*; si, au contraire, le ploiement se fait sur le dernier peloton, *en arrière*, le bataillon fait également par *le flanc gauche*, les pelotons déboîtent en arrière, et la direction se prend *à droite*.

Si l'on veut ployer le bataillon sur l'un des pelotons du centre, la droite en tête, tous les pelotons qui sont à la droite du peloton sur lequel on doit se ployer, font par *le flanc ganche*, déboîtent en avant, et prennent la direction et l'alignement *à gauche*; ceux qui sont à gauche font par *le flanc droit*, déboîtent en arrière et s'alignent également à gauche; et enfin, si le ploiement se fait, la gauche en tête, les pelotons de droite font également par *le flanc gauche*, mais déboîtent en arrière et s'alignent à droite, et ceux de gauche font également par *le flanc droit*, mais ils déboîtent en avant et s'alignent à droite.

Lorsque l'on ploie le bataillon, sur une des extrémités de gauche ou de droite, on commande :

> *Colonne serrée par peloton* = *sur le premier ou le dernier peloton* (*en avant ou en arrière*) = EN COLONNE.

Et quand c'est sur un des pelotons du centre, on commande :

> *Colonne serrée par peloton* = *sur tel ou tel peloton* (*la droite ou la gauche en tête*) = EN COLONNE.

Le chef de bataillon surveille ces divers mouvemens.

L'adjudant-major se place en avant, faisant face au guide de direction; et à mesure que les pelotons arrivent dans la colonne, il les assure dans la direction.

L'adjudant remplit les mêmes fonctions à l'égard des

guides qui prennent place dans la colonne en arrière de celui de direction.

On ploie le bataillon en colonne à distance entière ou à distance de section, d'après les mêmes principes et par les mêmes commandemens, en substituant l'une ou l'autre de ces indications à celle de colonne serrée.

Colonne d'attaque.

Ce mouvement consiste à ployer le bataillon en colonne double derrière les deux pelotons du centre ; à cet effet, le chef de bataillon commande :

Colonne d'attaque = *par peloton de droite et de gauche* = SUR·LE CENTRE EN COLONNE.

A ce commandement, tous les chefs de pelotons, excepté ceux des cinquième et sixième, se portent à deux pas devant le centre de leurs pelotons, et les préviennent qu'ils vont faire, savoir, ceux des 1ᵉʳ, 2ᵉ, 3ᵉ et 4ᵉ pelotons, par *le flanc gauche*, et ceux des 7ᵉ, 8ᵉ, 9ᵉ et 10ᵉ, par *le flanc droit*.

Ces dispositions faites, le chef de bataillon commande :

Bataillon = A DROITE ET A GAUCHE.

A ce commandement, tous les pelotons qui sont à la droite du cinquième peloton, font *à gauche*, et ceux qui sont à la gauche du sixième font *à droite* ; les chefs des pelotons, qui ont fait *à gauche*, se portent à la gauche de leur peloton, font déboîter en arrière les trois dernières files ; le guide de gauche se place devant l'homme de gauche du premier rang pour le conduire, et le chef de peloton à côté de ce guide. Les chefs des pelotons qui ont fait par *le flanc droit*, se portent à la droite de leurs pelotons, font déboîter en arrière les trois premières files ; le sergent de remplacement se met devant l'homme du premier rang de la première file pour le conduire, et le chef de peloton à côté de lui.

Le chef de bataillon commande ensuite :

MARCHE.

A ce commandement, le chef du sixième peloton se porte à la gauche de son peloton et au premier rang. Le guide de gauche se place derrière lui au troisième. Le chef du cinquième reste à la droite de son peloton au premier rang. Ces deux pelotons s'alignent, au commandement de leurs chefs, sur le sergent de remplacement du sixième peloton. Tous les pelotons qui doivent prendre place dans la colonne, partent en même temps au pas accéléré pour se porter chacun à distance de section, derrière le peloton de leur demi-bataillon, de manière que, dans le demi-bataillon de droite, le cinquième peloton, qui n'a pas bougé, précède le quatrième, celui-ci le troisième, ainsi de suite; et que, dans le demi bataillon de gauche, le sixième peloton, qui également n'a pas bougé, précède le septième, celui-ci le huitième, et ainsi de suite. Les pelotons, en entrant dans la colonne, doivent correspondre, savoir, le quatrième avec le septième, le troisième avec le huitième, le deuxième avec le neuvième, et le premier avec le dixième. Lorsque la droite des pelotons de gauche et la gauche des pelotons de droite sont arrivées à la hauteur du sergent de remplacement, qui est établi sur le centre de la colonne, les chefs de ces pelotons commandent : *Peloton*, HALTE, FRONT; ceux de gauche, *à droite*, ALIGNEMENT; et ceux de droite, *à gauche*, ALIGNEMENT. Chaque chef de peloton se porte ensuite au flanc extérieur de son peloton au premier rang; et l'alignement étant correct, ils commandent, FIXE. Les guides de gauche des pelotons de gauche se placent au flanc gauche de leur peloton au troisième rang, ceux des pelotons de droite passent en serre file, lorsque leur peloton s'arrête, et les sergens de remplacement de ces pelotons restent à la droite au troisième rang, derrière leur chef de peloton.

L'adjudant-major, placé devant le centre de la colonne, assure la direction des sergens de remplacement du demi bataillon de gauche, à mesure qu'ils prennent place dans la colonne.

SEPTIEME LEÇON.

MARCHE DE LA COLONNE SERRÉE.

1. *Marcher en colonne serrée.*
2. *Changement de direction à droite.*
3. *Changement de direction à gauche.*
4. *Prendre les distances par la tête de la colonne.*
5. *Serrer la colonne en marchant.*

1. *Marcher en colonne serrée.*

Les commandemens pour faire marcher une colonne serrée, les moyens de direction, les commandemens pour l'arrêter et pour donner une direction générale aux guides, sont les mêmes que ceux prescrits pour une colonne à distance entière (1). Les chefs de pelotons répéteront également les commandemens MARCHE et HALTE, comme dans la colonne à distance entière.

2. *Changement de direction à droite.*

Nous avons vu que dans les colonnes à distance entière ou à distance de section, les changemens de directions se font en marchant ; ils n'en est pas de même pour les colonnes serrées en masse.

Pour les premières, ils se font par le front des pelotons (2), et dans les secondes, ils ont lieu par le flanc, et la colonne étant de pied ferme.

La colonne étant en marche, la droite en tête, lorsque le chef de bataillon veut la faire changer de direction, à droite ou à gauche, il l'arrête, et le mouvement s'exécute par le flanc des pelotons de la manière suivante.

Si le changement de direction doit se faire à droite, le chef de bataillon indique à l'adjudant-major le point où la nouvelle direction doit être établie, l'adjudant-

---

(1) *Voyez* pag. 74, Leçon 4ᵉ, sect. 1ʳᵉ, n° 2.
(2) *Voyez* la 1ʳᵉ observ., pag. 107, 2ᵉ part., 5ᵉ leç.

major y place de suite deux jalonneurs distans l'un de
l'autre d'un peu moins que l'étendue du front du premier peloton, et dont le premier sera placé immédiatement devant la file de gauche de ce peloton ; cela fait,
le chef de bataillon commande :

> *Changement de direction par le flanc gauche* =
> *bataillon* = A GAUCHE = *pas accéléré* = MARCHE.

Au commandement, *bataillon* = A GAUCHE, tous les
pelotons font *à gauche*, et les chefs de peloton se portent à côté de leur guide de gauche, et au commandement de *pas accéléré* = MARCHE, répété par les chefs
de pelotons, les pelotons conduits par leurs chefs partent ensemble, le guide de gauche du premier se dirige,
dès son premier pas, parallèlement aux jalonneurs placés sur la nouvelle direction ; et le peloton n'est arrêté
que lorsque le sergent de remplacement est arrivé sur
la place qu'occupoit le guide de gauche, afin de démasquer le front de la colonne.

Le chef qui a conduit son peloton commande alors :
Peloton = HALTE = FRONT = *à gauche* = ALIGNEMENT.
L'alignement du peloton étant correct, il commande,
FIXE, et se place à un pas devant le centre de son pe-
loton.

Le guide de gauche de chacun des pelotons suivans,
se conforme à la direction du guide de gauche du peloton qui le précède, de manière à entrer dans la colonne parallèlement à ce peloton, et à trois pas de distance de son dernier rang.

Chaque chef de peloton, lorsque son peloton est
entré dans la colonne, et que son guide de gauche est
dans la direction de celui qui le précède, se conforme
à ce qui vient d'être prescrit pour le premier.

3. *Changement de direction à gauche.*

Si le chef de bataillon veut faire changer de direction
à gauche, il indiquera à l'adjudant-major le point où
la nouvelle direction doit être établie ; celui-ci placera,
comme il est dit ci-dessus, deux jalonneurs, dont le

premier sera placé devant la file de droite de ce peloton ; le chef de bataillon commandera ensuite :

Changement de direction par le flanc droit = *ba-taillon* = A DROITE = *pas accéléré* = MARCHE.

Au commandement de *bataillon* = A DROITE, la colonne fait *à droite* , et le chef de chaque peloton se porte à côté de son sergent de remplacement ; et à celui de *pas accéléré* = MARCHE, répété par les chefs de pelotons, les pelotons partent ensemble ; le sergent de remplacement du premier peloton se dirige, dès son premier pas , parallèlement au deux jalonneurs placés sur la nouvelle direction, le chef de peloton n'en suit pas le mouvement, mais le voit filer, et aussitôt que le guide de gauche l'a dépassé, il commande :

Peloton = HALTE = FRONT = *à gauche* = ALI-GNEMENT.

Au commandement de HALTE, le peloton s'arrête ; à celui de FRONT, il fait face par le premier rang, et à celui d'ALIGNEMENT, il se porte promptement contre les deux jalonneurs, et lorsque l'alignement est correct, le chef de peloton commande FIXE, et se place à un pas devant le centre de son peloton.

Les autres pelotons se conforment au mouvement du premier ; chaque chef s'arrête lorsqu'il est arrivé sur la direction des guides de gauche, voit filer son peloton , et se conforme, pour l'arrêter et l'aligner , à ce qui a été prescrit pour le premier peloton.

Le chef de bataillon se place toujours sur le flanc par lequel les pelotons doivent marcher, afin de veiller à ce que chaque peloton entre dans la colonne parallèlement au premier, et de manière à conserver entre chaque peloton une distance de trois pas.

L'adjudant-major, placé en avant du guide du premier peloton, assure la position des guides à mesure qu'ils arrivent sur la nouvelle direction.

L'adjudant suit le mouvement à hauteur du dernier peloton.

4. *Prendre les distances par la tête de la colonne.*

Une colonne serrée, soit à distance de section, soit en masse, étant en marché, si le chef de bataillon veut faire prendre distance entière entre les pelotons, par la tête de la colonne, il l'arrêtera et commandera :

Prenez les distances par la tête de la colonne.

Il ordonnera ensuite au chef du premier peloton de le mettre en marche ; le chef de ce peloton commandera aussitôt : *Peloton en avant, guide à gauche* = MARCHE.

Le chef du second peloton se voyant près d'avoir sa distance, commandera : *Peloton en avant, guide à gauche,* et MARCHE ; au moment où il aura sa distance, ce mouvement sera exécuté successivement de peloton en peloton, jusqu'à la queue de la colonne, chaque peloton observant de prendre le pas de celui qui le précède.

Si le chef de bataillon veut former la colonne à gauche en bataille, il l'arrêtera au moment où le dernier peloton aura sa distance.

Si la colonne avoit la gauche en tête, ce mouvement s'exécuteroit par les moyens inverses.

Le chef de bataillon veillera à ce que chaque peloton se mette en marche au moment où il aura sa distance. L'adjudant-major se tiendra à la tête de la colonne, et dirigera la marche du premier guide, et l'adjudant se tiendra à hauteur du dernier peloton (1).

----

(1) Ce mouvement peut s'exécuter sans arrêter la colonne, en faisant d'abord marquer le pas aux neuf derniers pelotons, pendant que le premier continue à marcher ; et ils se portent ensuite en avant, chacun au moment où il a sa distance.

Si la colonne étoit en marche au pas ordinaire, au commandement *prenez les distances par la tête de la colonne,* le chef du premier peloton commanderoit : *Pas accéléré,* MARCHE, et chaque peloton prendroit à son tour le pas accéléré au moment où il auroit sa distance.

5. *Serrer la colonne en marche, en marchant.*

La colonne étant en marche à distance entière, la droite en tête, si le chef de bataillon veut la faire serrer en masse, il commande :

En masse = *serrez la colonne* = MARCHE.

Au commandement, *en masse ,* SERREZ LA COLONNE, MARCHE, le chef du premier peloton commande : HALTE ; et lorsque le peloton a fait *halte ,* il se porte à deux pas en dehors de son guide, commande *à gauche ,* ALIGNEMENT, et après le commandement de FIXE , se place à un pas en avant du centre de son peloton ; les serre-files serrent à un pas du troisième rang.

Au commandement MARCHE, tous les pelotons , excepté celui de la tête, continuent à marcher ; et à mesure que chacun arrive à la distance de trois pas, du peloton qui le précède, son chef l'arrête, se porte à deux pas en dehors de son guide, qui doit être placé exactement sur la direction des autres guides, commande *à gauche* ALIGNEMENT , et se porte à un pas du centre de son peloton.

Les serre-files serrent à un pas du troisième rang, quand leur peloton s'aligne.

Le chef de bataillon veille à l'exécution du mouvement, et à ce que la distance entre chaque peloton soit exactement de trois pas ; l'adjudant-major et l'adjudant assurent la direction des guides , chacun en ce qui le concerne.

Pour faire serrer à distance de section, le chef de bataillon substitue au commandement de, *en masse ,* SERREZ LA COLONNE, celui de, *à distance de section ,* SERREZ LA COLONNE ; les chefs de pelotons, au lieu d'arrêter leur peloton à la distance de trois pas, de celui qui les précède , les arrêtent à distance de section ; les serre-files, ainsi que les chefs de pelotons, conservent leur distance de deux pas.

6*

HUITIEME LEÇON.

CONTRE-MARCHES.

1. *Contre-marche par un des flancs de la colonne.*
2. *Contre-marche par les deux ailes.*

1. *Contre-marche par l'un des flancs de la colonne.*

La *contre-marche* est la manœuvre qu'une colonne, la droite en tête, exécute pour se former la gauche en tête ou ayant la gauche, pour se former la droite en tête en bataille.

Elle a lieu pour une colonne serrée en masse, d'après les mêmes principes que pour une colonne à distance entière, ou à distance de section (1), excepté seulement, que les pelotons pairs exécutent la contre-marche en dehors de la colonne ; à cet effet le chef de bataillon, après l'exécution du commandement, *bataillon = par le flanc droit =* A DROITE, commande :

Pelotons pairs en avant = MARCHE.

Au commandement MARCHE, les *pelotons pairs*, conduits par leurs chefs, se portent en avant, et lorsque la dernière file est près de démasquer le sergent de remplacement des pelotons impairs, qui n'ont pas suivi ce mouvement, le chef de bataillon commande :

Pelotons pairs et impairs par file à gauche = MARCHE.

A ce commandement, tous les pelotons font par *file à gauche*, et se conforment à tout ce qui est prescrit dans la 3ᵉ leçon, bien entendu, que les pelotons pairs, qui se sont portés en avant, continuent à marcher jusqu'à ce qu'ils aient repris leurs places dans la colonne, et soient revenus à la hauteur de leurs guides de gauche.

La contre-marche, la gauche en tête, s'exécute d'après les mêmes principes, et par les moyens inverses ;

-----

(1) *Voyez* pag. 72, 3ᵉ Leçon, nᵒ 9.

mais, dans ce cas, comme dans le précédent, ce sont toujours les pelotons pairs qui se portent en dehors.

Le chef de bataillon placé sur le flanc, du côté de la direction, veille à l'exécution générale du mouvement, et lorsqu'il est terminé, l'adjudant-major se place à la tête de la colonne, et l'adjudant à la gauche.

Il est facile de sentir le motif pour lequel la colonne étant serrée en masse, les pelotons pairs exécutent la contre-marche en dehors; la distance qui sépare les pelotons, n'étant que de trois pas, ne laisse point un espace suffisant pour que la contre-marche puisse se faire à-la-fois dans l'intérieur de la colonne.

2. *Contre-marche par les deux ailes.*

La contre-marche en colonne serrée peut encore s'exécuter, sans faire porter en dehors les pelotons pairs.

Elle se fait par les commandemens suivans :

> *Contre-marche par les deux ailes══Pelotons pairs, par le flanc gauche ══ Pelotons impairs, par le flanc droit ══ Bataillon ══ A GAUCHE ET A DROITE.*

A ce commandement, tous les pelotons impairs font par *le flanc droit*, et les pelotons pairs, par *le flanc gauche*, tous les guides de gauche font *demi-tour à droite*; les chefs des pelotons impairs qui ont fait par le flanc droit, se portent à la droite de leur peloton, et ceux des pelotons pairs, qui ont fait par le flanc gauche, à la gauche de leur peloton.

Le chef de bataillon commande ensuite :

> *Pelotons impairs par file à gauche ══ pelotons pairs par file à droite ══ MARCHE.*

Au commandement de MARCHE, tous les pelotons exécutent le mouvement; chaque peloton pair, dont la première file a déboîté *à gauche*, tourne en faisant par file à droite autour de son guide; le chef le laisse filer, sans le conduire, et lorsque le sergent de remplacement est arrivé derrière le guide de gauche, qui n'a pas bougé, le chef commande : *peloton* = HALTE = FRONT ; le peloton s'étant arrêté et ayant fait *front*, le chef se porte à deux pas en-dehors du guide, et commande : *à droite* = ALIGNEMENT ; lorsque l'alignement est correct, il commande FIXE ; à ce commandement, il se porte à un pas devant le centre de son peloton ; le guide de gauche reprend sa place à la gauche du peloton, en passant devant le premier rang, et le sergent de remplacement, qui étoit derrière lui, le remplace au premier rang.

Les pelotons impairs exécutent la *contre-marche* comme elle est indiquée à la 3ᵉ leçon.

Dans la colonne serrée en masse, la gauche en tête, cette *contre-marche* s'exécute par les moyens inverses, mais ce sont toujours les pelotons impairs qui font par le flanc droit, et les pelotons pairs par le flanc gauche.

Cette *contre-marche*, qui n'est pas indiquée dans l'ordonnance de 1791, réunit à l'avantage d'être plus promptement exécutée, celui de se faire sur un terrain resserré, sur une chaussée, ou dans une rue qui ne laisseroit pas aux pelotons la faculté de se porter en dehors de la colonne.

C'est cette manœuvre que l'on emploie, ainsi que nous le verrons bientôt, lorsque l'on veut faire *défiler en tiroir*.

NEUVIEME LEÇON.

DÉPLOIEMENT DES COLONNES SERRÉES.

1. *La colonne étant en masse , de pied ferme , former les divisions.*
2. *Déployer la colonne sur le premier peloton.*
3. *Déployer la colonne sur le dernier peloton.*
4. *Déployer la colonne sur l'un des pelotons du centre.*
5. *Déployement de la colonne d'attaque.*

1. *La colonne étant en masse , de pied ferme , former les divisions.*

La colonne étant en masse par peloton , la droite en tête , de pied ferme , si le chef de bataillon veut faire former les divisions , il commande :

Formez les divisions ⹀ pelotons pairs ⹀ par le flanc gauche ⹀ A GAUCHE.

A ce commandement , tous les pelotons pairs font par le *flanc gauche* , et les chefs de ces pelotons se portent à côté de leur guide de gauche.

Les pelotons impairs ne bougent pas , ainsi que leurs chefs , mais les guides de gauche et les sergens de remplacement se placent devant la file qui est à côté d'eux , et appuient leur bras droit contre la poitrine de l'homme du premier rang de cette file.

Ces dispositions faites , le chef de bataillon commande :

MARCHE.

Au commandement MARCHE , les pelotons pairs seulement , conduits par leur guide de gauche , se mettent en marche ; les chefs de ces pelotons qui n'en suivent pas le mouvement , les laissent filer , et lorsque l'avant-dernière file de droite est arrivée à leur hauteur, ils commandent :

Peloton = HALTE = FRONT.

Ils se placent à côté de l'homme de gauche du premier rang du premier peloton de leur division, et s'alignent correctement sur le premier rang de ce peloton; le guide de gauche, au commandement de HALTE, se porte en même temps en avant, à la hauteur d'une des trois files de gauche de son peloton, et se place correctement sur la direction des deux jalonneurs du premier peloton de leur division. Le Guide de gauche étant ainsi placé, le chef du second peloton commande :

A droite = ALIGNEMENT.

. A ce commandement, le second peloton se porte sur l'alignement du premier. L'homme du premier rang qui se trouve correspondre au guide de gauche, sans précéder son rang, appuie sa poitrine contre le bras droit de ce guide; le chef du peloton en dirige l'alignement, et lorsqu'il est correct, il commande FIXE, et reste dans le rang à la droite de son peloton.

Lorsque les divisions sont formées, le chef de bataillon commande :

Guides = A VOS PLACES.

A ce commandement, les guides de gauche des pelotons impairs reprennent leur place de bataille, en passant par le créneau du chef du second peloton, et les guides de gauche des pelotons pairs se placent à la gauche de leur division; les sergens de remplacement des pelotons impairs se placent à la droite de la division. A ce même commandement, les chefs des pelotons impairs, qui étoient restés devant le centre de leur peloton, se portent à deux pas en avant du centre de la division.

Ce mouvement, la gauche en tête, s'exécute par les moyens inverses; les pelotons impairs se conforment alors à tout ce qui est prescrit ci-dessus pour les pelotons pairs, et les guides placés devant la file de gauche et de droite des pelotons pairs, font face à gauche.

Au commandement *guides*═A VOS PLACES, du chef de bataillon, le sergent de remplacement et le chef des pelotons pairs prennent leurs places dans le rang à la droite de leur peloton, et les chefs des pelotons impairs se portent à deux pas devant le centre de la division.

Cette manœuvre s'applique aussi aux colonnes à distance entière et à distance de section; mais si la colonne, au lieu d'être serrée en masse, est à distance entière ou de section, les chefs des pelotons pairs, après avoir commandé *front*, se portent devant le centre de leur peloton, et commandent, si la droite est en tête : *peloton* ═ *en avant*, *guide à droite* ═ MARCHE. Le guide de droite se dirige de manière à arriver à côté de l'homme de gauche du peloton impair; les pelotons pairs étant arrivés à hauteur du troisième rang du premier peloton de leur division, sont arrêtés par leur chef, qui commande :

Peloton ═ HALTE.

Il s'aligne sur l'homme de gauche du peloton impair tandis que le guide de gauche se place comme il a été dit ci-dessus, et commande ensuite :

A droite ═ ALIGNEMENT.

Ce mouvement de former les divisions de pied ferme peut être considéré comme l'élément de tous les déploiemens; on doit donc s'attacher à le bien concevoir.

2. *Déployer la colonne sur le premier peloton.*

Nous avons vu que les bataillons peuvent se ployer en colonne serrée, ou sur l'une des deux extrémités, ou sur le centre; nous allons détailler maintenant les manœuvres par lesquelles une colonne serrée en masse peut se déployer, soit sur le premier peloton, soit sur le dernier, soit enfin sur un des pelotons du centre.

Si la colonne serrée en masse, la droite en tête, doit être déployée sur le premier peloton, le chef de bataillon, après avoir indiqué à l'adjudant-major le point de direction de la ligne de bataille, et avoir fait placer par lui, dans cette direction et à quelques pas en avant du premier peloton ; deux jalonneurs, distans l'un de l'autre un peu moins que l'étendue du front d'un peloton, commande :

Sur le premier peloton, déployez la colonne = bataillon = par le flanc gauche = A GAUCHE *=* MARCHE.

Au commandement : *sur le premier peloton déployez la colonne*, qui n'est que d'avertissement, les chefs des neufs derniers pelotons préviennent leurs pelotons qu'ils vont faire par le *flanc gauche* ; celui du premier peloton prévient le sien de rester face en tête.

Au commandement, *bataillon par le flanc gauche* = A GAUCHE ; tous les pelotons font par le *flanc gauche* ; les guides de gauche se placent devant le dernier homme du premier rang, pour le conduire, et les chefs de peloton se placent à la hauteur et à la droite de ce guide.

Le chef du premier peloton commande : *peloton, à droite* = ALIGNEMENT, vient faire appuyer son peloton contre les deux jalonneurs, se porte à la droite de son peloton, à deux pas en dehors du sergent de remplacement, et commande : FIXE. Après ce dernier commandement, il reprend, ainsi que le guide de gauche, sa place de bataille : les serres-files reprennent leur distance de deux pas derrière le troisième rang.

Au commandement MARCHE, fait par le chef de bataillon, et répété par tous les chefs de pelotons, excepté le premier, les neuf derniers pelotons partent ensemble ; le chef du second peloton ne conduit pas le sien, mais il le laisse filer ; et lorsque la première file de droite est parvenue à sa hauteur (1), il commande : *deuxième peloton* = HALTE = FRONT : au commande-

---

(1) Pour éviter que le peloton, en marchant par le flanc, s'étende plus loin qu'il ne le doit, le guide qui le conduit, peut compter un nombre de pas égal à celui des files de son peloton, et lorsqu'il les a faits, il marque le pas, jusques au commandement de HALTE du chef de peloton.

ment de HALTE, le peloton s'arrête, et le guide de gauche se porte sur la ligne dans la direction des deux jalonneurs, et leur faisant face : au commandement de FRONT, le peloton fait face par le premier rang, le chef de peloton se porte à la gauche du dernier homme du premier peloton ; et après s'être aligné sur le premier rang, il commande : *à droite* = ALIGNEMENT ; lorsque le peloton est correctement aligné, le chef de peloton commande : FIXE.

Au commandement de HALTE, fait par le chef du deuxième peloton, le chef du troisième s'arrête de sa personne, laisse filer son peloton, et ne fait à son tour le commandement de *troisième peloton* = HALTE, que lorsque la première file de droite est arrivée à sa hauteur ; au commandement de FRONT, le peloton fait face par le premier rang ; le chef de peloton se portant à deux pas devant le centre de son peloton, commande : *en avant* = MARCHE = *guide à droite.* Au commandement MARCHE, le peloton part, et le sergent de remplacement se dirige de manière à arriver à la gauche de la dernière file du peloton déjà en ligne ; à deux pas de la ligne de bataille, le chef de peloton commande, *troisième peloton* = HALTE : le peloton s'arrête, le guide de gauche se porte sur la ligne, dans la direction des guides, et à la hauteur de la troisième file de gauche de son peloton : le chef de peloton se place à la gauche du dernier homme du peloton qui le précède, s'aligne sur le premier rang, et commande :

A droite : = ALIGNEMENT = FIXE.

Les autres pelotons se conforment à ce qui vient d'être prescrit pour le deuxième et le troisième ; les chefs de pelotons observeront, exactement, de s'arrêter de leur personne, en laissant filer leur peloton, au commandement de HALTE, fait par le chef du peloton qui est immédiatement à leur droite, et qui doivent faire ce commandement assez haut pour être entendus du chef de peloton qui est à leur gauche ; les guides de gauche, qui conduisent les pelotons dans la marche de flanc, doivent conserver avec le plus grand soin la distance entre chaque peloton, et les sergens de remplacement, lorsque le peloton marche de front, doivent se diriger exactement sur le dernier homme de gauche du peloton qui les précède sur la ligne de bataille.

L'observation rigoureuse de ces principes, de la part des chefs de pelotons et des guides, est d'autant plus importante, que, par ces moyens, les pelotons, se trouvant arrêtés à temps et conduits directement vers la place qu'ils doivent occuper en bataille, n'ont point à obliquer ni d'un sens ni de l'autre pour se porter sur la ligne et s'aligner sur le peloton qui les précède.

Ainsi que dans les formations successives, le chef de bataillon surveille la régularité du mouvement; l'adjudant-major et l'adjudant assurent, chacun dans leur demi-bataillon, la direction des guides sur la ligne.

Lorsque tous les pelotons seront correctement alignés, le chef de bataillon commande : *guides* = **A** VOS PLACES.

3. *Déployer la colonne sur le dernier peloton.*

Le chef de bataillon, voulant déployer la colonne sur le dernier peloton, après avoir indiqué le point de direction de la ligne de bataille, et fait placer deux jalonneurs à deux pas en avant du premier peloton, commande :

> *Sur le dixième peloton, déployez la colonne* = *bataillon, par le flanc droit* = **A DROITE** = MARCHE.

Au premier commandement, qui n'est que d'avertissement, les chefs des neufs premiers pelotons les préviennent qu'ils vont faire par le flanc droit, le chef du dixième prévient le sien de rester face en tête.

Au commandement, *bataillon par le flanc droit* = **A DROITE**, tous les pelotons, excepté le dixième, font par le *flanc droit;* les sergens de remplacement se portent devant le premier homme, du premier rang, pour le conduire, et les chefs de pelotons se placent à la gauche de leur sergent de remplacement; le chef du dixième peloton reste au centre et en avant de son peloton.

Au commandement MARCHE, du chef de bataillon, vivement répété par les chefs des neufs premiers pelotons, ils se mettent en mouvement et se dirigent droit devant eux.

Aussitôt que le chef du dixième peloton se voit près d'être démasqué, il commande : *dixième peloton, en avant — guide à gauche — pas accéléré*, — et MARCHE lorsqu'il l'est entièrement.

Au commandement de MARCHE, le peloton part vivement, est conduit par son chef au point où sont placés les deux jalonneurs : lorsqu'il y est arrivé, le chef commande : HALTE ⚊ *à gauche* — ALIGNEMENT, se porte à deux pas en dehors de son guide de gauche, assure l'alignement, commande FIXE, et se place à la gauche de son peloton : le guide de gauche se met derrière lui au troisième rang; le caporal, qui étoit à la gauche de ce rang, se porte au rang des serre-files, qui reprennent leur distance de deux pas derrière le troisième rang.

Au commandement MARCHE du chef de bataillon, le chef du neuvième peloton, au lieu de suivre la marche de son peloton, le laisse filer, et lorsque la dernière file de gauche est à sa hauteur, il commande : *neuvième peloton* ⚊ HALTE ⚊ *front*.

Au commandement de HALTE, le peloton s'arrête; à celui de FRONT il fait face par le premier rang, et son chef se portant à deux pas devant le centre, commande : *en avant* ⚊ *guide à gauche* ⚊ MARCHE.

Au commandement de MARCHE, le peloton se porte en avant, le guide de gauche se dirige de manière à arriver immédiatement à la droite du dixième peloton, sur la ligne de bataille. A deux pas de cette ligne, le chef de peloton commande : *neuvième peloton* ⚊ HALTE.

Au commandement de HALTE, le peloton s'arrête; le sergent de remplacement se porte sur la ligne et dans la direction des deux jalonneurs, en leur faisant face, le guide de gauche reprend sa place de bataille; et le chef de peloton, après s'être placé à la droite du premier homme du dixième peloton, et s'être aligné sur le premier rang, commande : *à gauche* = ALIGNEMENT = FIXE; les serre-files reprennent leur distance de deux pas derrière le troisième rang.

Les chefs des autres pelotons se conforment exactement à ce qui vient d'être prescrit pour le neuvième peloton ; ils s'arrêtent successivement de leur personne au commandement de HALTE, fait par le chef du peloton qui est immédiatement *à leur droite ;* ils laissent filer leur peloton, jusqu'à ce que la dernière file de gauche soit parvenue à leur hauteur : ils ont soin, tant qu'ils marchent par le flanc, que leur sergent de remplacement conserve bien sa direction et sa distance, et que dans la marche de front, leur guide de gauche se dirige exactement vers le point où le peloton doit appuyer sa gauche.

Lorsque tous les pelotons sont entrés sur la ligne, et que le chef de bataillon a vérifié l'alignement, il commande : *Guides* = A VOS PLACES.

A ce commandement, les chefs de pelotons se portent à la droite de leur peloton, les sergens de remplacement reprennent leur place au troisième rang; le guide de gauche du dernier peloton se porte au premier rang, et le caporal qui doit fermer la gauche du troisième rang, de ce peloton, reprend sa place.

Les détails que nous venons de donner rendront très-faciles à saisir les moyens de déployer la colonne sur l'un des pelotons du centre.

4. *Déployer la colonne sur l'un des pelotons du centre.*

Si le chef de bataillon veut déployer la colonne (par exemple) sur le cinquième peloton, après avoir, ainsi que nous l'avons dit plus haut, indiqué la ligne de direction de la nouvelle ligne de bataille, et fait placer deux jalonneurs, il commande :

Sur le cinquième peloton , déployez la colonne = *bataillon à droite* = ET A GAUCHE = MARCHE.

Au commandement, *sur le cinquième peloton, déployez la colonne*, qui n'est, comme dans les deux premiers cas, qu'un commandement d'avertissement, les chefs des 1ᵉʳ, 2ᵉ, 3ᵉ et 4ᵉ pelotons, les préviennent qu'ils vont faire par le flanc droit; celui du 5ᵉ le prévient de ne pas bouger, et ceux des 6ᵉ, 7ᵉ, 8ᵉ, 9ᵉ et 10ᵉ, qu'ils font par le flanc gauche.

Au commandement, *bataillon à droite* == ET A GAUCHE, les quatre premiers pelotons font *par le flanc droit*, les chefs se portent à côté de leur sergent de remplacement; les cinq derniers pelotons font *par le flanc gauche*, et les chefs se portent à la droite de leur guide de gauche.

Au commandement MARCHE, tous les pelotons qui ont fait par le flanc se mettent en marche; le chef du premier peloton observera de marcher bien droit devant lui, et évitera surtout de se jeter en dehors de la ligne de bataille.

Les sergens de remplacement des pelotons qui ont fait à droite, et les guides de gauche de ceux qui ont fait à gauche, conservent exactement, en marchant par le flanc, la distance de trois pas qui les sépare du peloton qui les précède dans l'ordre de la colonne, et qui doit entrer avant eux dans la ligne de bataille.

Le chef du quatrième peloton et celui du sixième ne suivent pas la marche de leur peloton; ils les voient filer, et lorsque les dernières files sont arrivées à leur hauteur, ils commandent : (4ᵉ ou 6ᵉ) *peloton* == HALTE == FRONT, et se portent aussitôt au centre de leur peloton.

Le chef du cinquième peloton, dès qu'il se voit au moment d'être démasqué par le quatrième, commande : *cinquième peloton, en avant* == *guide à gauche* == MARCHE.

Au commandement MARCHE, fait au moment où le cinquième peloton est démasqué, il se porte vers la ligne de bataille, et lorsqu'il est arrivé contre les jalonneurs, le chef commande : *cinquième peloton* == HALTE; au commandement de HALTE, le peloton s'arrête, le guide de gauche reprend sa place de bataille, le sergent de remplacement se porte sur la ligne et dans la direction des deux jalonneurs, en leur faisant face, et le chef de peloton s'étant porté à la gauche de son peloton, commande : *à gauche* = ALIGNEMENT.

Le chef du quatrième peloton, aussitôt qu'il est démasqué par le troisième, commande : *quatrième peloton en avant* = *guide à gauche* = MARCHE ; à ce dernier commandement, le quatrième peloton se porte sur la ligne de bataille, le guide de gauche ayant soin de se diriger exactement sur le premier homme de droite du cinquième déjà en ligne ; lorsque le peloton est à deux pas de la ligne de bataille, le chef commande : *quatrième peloton* = HALTE. A ce commandement, le guide de gauche reprend sa place de bataille ; le sergent de remplacement se porte sur la ligne et dans la direction des jalonneurs, en faisant face à gauche, et à la hauteur de la troisième file de son peloton ; le chef de peloton se porte à la droite du premier homme du cinquième peloton, et commande : *à gauche* = ALIGNEMENT.

Les chefs des troisième, deuxième et premier pelotons, à mesure qu'ils sont démasqués, font exactement les mêmes mouvemens et les mêmes commandemens pour se porter sur la ligne et pour s'y placer.

Le chef du sixième peloton, après avoir arrêté son peloton et s'être porté à deux pas devant le centre, commande : *sixième peloton, en avant* = *guide à droite* = MARCHE.

Au commandement MARCHE, le peloton se porte sur la ligne de bataille, le sergent ayant soin de se diriger exactement vers le dernier homme de gauche du cinquième peloton ; à deux pas de la ligne de bataille, le chef de peloton commande : *sixième peloton* = HALTE. A ce commandement, le peloton s'arrête, le guide de gauche se porte sur la ligne des jalonneurs, en faisant face à *droite*, et à la hauteur de la troisième file de gauche de son peloton ; le chef de peloton se porte à la gauche du dernier homme du cinquième peloton et à la place du chef de ce peloton qui s'est reculé au second rang, et commande : *à droite* = ALIGNEMENT. A ce commandement, le peloton s'aligne.

Les chefs des septième, huitième, neuvième et dixième pelotons, à mesure qu'ils sont dépassés par les pelotons qui les précèdent dans l'ordre de la colonne, font successivement les mêmes mouvemens et les mêmes commandemens, pour se porter sur la ligne de bataille et pour s'y placer.

Lorsque le mouvement est achevé, et que l'alignement est correct, au commandement : *guides* = A VOS PLACES, fait par le chef de bataillon, les chefs de pelotons et les sergens de remplacement des cinquième, quatrième, troisième, deuxième et premier pelotons reprennent leurs places, et les guides de gauche des sixième, septième, huitième, neuvième pelotons rentrent en serre-files, et celui du dixième à sa place de bataille.

Dans ce déploiement, ainsi que dans les premiers, les principes sont les mêmes et doivent être suivis rigoureusement. Chaque chef de peloton aura également soin de s'arrêter de sa personne au commandement de HALTE du chef du peloton immédiatement à côté de lui; les guides des pelotons observeront également le maintien de la distance dans la marche de flanc, et la justesse de la direction dans la marche par le premier rang.

Il faut remarquer aussi, que tous les pelotons qui doivent être à la droite de celui sur lequel se déploie la colonne, font par le flanc droit; qu'ils prennent l'alignement à gauche, en arrivant sur la ligne, et que ce sont leurs sergens de remplacement qui la jalonnent; et que les pelotons de gauche font par le flanc gauche; qu'ils prennent les alignemens à droite en arrivant sur la ligne, et que ce sont leurs guides de gauche qui la jalonnent.

5. *Déployer la colonne d'attaque.*

Lorsque le chef de bataillon voudra déployer la colonne d'attaque, il fera placer deux jalonneurs, l'un devant la file de droite et de gauche des deux pelotons de la tête, et commandera :

Déployez la colonne = *bataillon à droite* = ET A GAUCHE = *Pas accéléré* = MARCHE.

Au commandement *à droite et à gauche*, les 4e, 3e, 2e et 1er pelotons font par le flanc droit, et les 7e, 8e, 9e et 10e, font par le flanc gauche; ils se déploient et se portent sur la ligne de bataille, d'après les principes prescrits ci-dessus pour le déploiement des colonnes en masse. Les sergens de remplacement des quatre pelotons de droite jalonnent la ligne, et les pelotons, en y arrivant, s'alignent à gauche : le chef du cinquième peloton recule au second rang, à l'instant où le chef du quatrième peloton, arrive sur la ligne, se porte à la gauche de son peloton pour l'aligner : les guides de gauche des quatre pelotons de gauche jalonnent la ligne, et les pelotons, en y arrivant, prennent les alignemens à droite.

Au commandement de *guides* = A VOS PLACES, les chefs des 4e, 3e, 2e et 1er pelotons se portent à la droite de leur peloton, les sergens de remplacement reprennent leur place de bataille, le chef du cinquième peloton se replace au premier rang, les guides de gauche des 7e, 8e et 9e pelotons rentrent en serre-files, et celui du 10e peloton se remet à la gauche du premier rang.

Observations.

Nous avons vu dans la cinquième leçon (1), qu'une colonne à distance entière, la droite en tête, peut être mise en bataille face en avant, face en arrière, face au flanc droit et face au flanc gauche, et que c'est par le front des pelotons, excepté, deux cas seulement, que les développemens ont lieu.

Une colonne serrée peut se déployer de même sur

---

(1) *Voyez* 5e Leçon, 2e observation.

toutes les faces, mais par des moyens différens, et toujours sans exception par le flanc des pelotons.

Les manœuvres, indiquées précédemment (1) pour changer de direction en masse, donnant la facilité d'établir une colonne serrée sur quelque direction que ce soit, on pourra toujours la déployer du côté qu'on voudra, en commençant par l'établir perpendiculairement à la ligne de bataille, sur laquelle on devra la déployer.

Ainsi, une colonne serrée en masse, pourra se former en bataille.

1° Face en avant, par le déploiement ;

2° Face en arrière, par la contre-marche et le déploiement ;

3°. Face au flanc droit, par un changement de direction à droite et le déploiement ;

4° Face au flanc gauche, par un changement de direction à gauche et le déploiement.

DIXIÈME LEÇON.

CHANGEMENS DE FRONT.

1. *Changement de front en avant sur le premier peloton.*
2. *En arrière sur le premier peloton.*
3. *En arrière sur le dernier peloton.*
4. *En avant sur le dernier peloton.*
5. *Sur le centre, l'aile gauche en avant.*
6. *Sur le centre, l'aile droite en avant.*

Nous avons, jusqu'à présent, démontré comment les bataillons se forment en colonnes à distance entière et en colonnes serrées ; comment ces colonnes se déploient sur toutes les faces, soit par le front des pelotons, pour les colonnes à distance entière, soit par le flanc pour les colonnes serrées : il nous reste maintenant à indiquer les manœuvres par lesquelles un bataillon, étant en bataille, peut changer de front, pour faire face à

(1) *Voyez* 7ᵉ Leçon, n° 2 et 3.

droite ou à gauche, soit sur l'une de ses extrémités, soit sur le centre; et l'on verra que tous ces changemens de front, s'opèrent par un simple mouvement d'*en avant en bataille*, par le premier, ou par le troisième rang des pelotons.

Pour rendre nos développemens plus intelligibles, nous établirons les six suppositions suivantes :

1°. *Face à droite sur le premier peloton* ;
2°. *Face à gauche sur le premier peloton* ;
3°. *Face à droite sur le dernier peloton* ;
4°. *Face à gauche sur le dernier peloton* ;
5°. *Face à droite sur l'un des pelotons du centre* ;
6°. *Face à gauche sur l'un des pelotons du centre.*

1. *Changement de front en avant sur le premier peloton.*

Par cette manœuvre, le bataillon se trouvera *faire face à droite*, la droite appuyée au même point.

Le chef de bataillon, après avoir fait placer deux jalonneurs sur la nouvelle direction, distans l'un de l'autre un peu moins que l'étendue du front d'un peloton, et avoir fait appuyer contre eux le premier peloton par une conversion à droite, et lorsque le chef de ce peloton a commandé FIXE, il commande :

Changement de front en avant sur le premier peloton ⸗ *par peloton* ⸗ DEMI A DROITE ⸗ MARCHE.

Au commandement ! *par peloton* ⸗ DEMI A DROITE, les chefs de peloton se portent devant le centre de leur peloton en prévenant que la *droite* soutient, et que la *gauche* marche ; à celui de MARCHE, les pelotons conversent à droite, à pivot fixe, et dès que le chef de bataillon juge qu'ils ont assez conversé, il commande.

En avant ⸗ MARCHE ⸗ *guides* ⸗ A DROITE.

Au commandement MARCHE, les pelotons cessant de converser, se portent droit devant eux; à celui de *guides* ⸗ A DROITE, ils prennent le tact des coudes à droite : les sergens de remplacement suivent la file qui se trouve vis-à-vis d'eux dans le peloton qui les précède, et marchent dans la trace de cette file, jusqu'à ce que le peloton dont elle fait partie, arrivant à hauteur de la place où il doit se porter sur la ligne, tourne à droite : alors ils se dirigent droit devant eux.

La droite du second peloton, étant arrivée à hauteur du flanc gauche du premier, le chef de ce peloton commande :

Tournez à droite ⚌ MARCHE.

Au commandement MARCHE, le peloton tourne par le principe des changemens de direction du côté du guide, de manière à arriver carrément sur la ligne de bataille, est arrêté par son chef à deux pas de la ligne, et aligné par les moyens indiqués dans les formations successives : au commandement de HALTE, le guide de gauche se porte sur la direction des deux jalonneurs, en leur faisant face.

Tous les autres pelotons se conforment à ce qui vient d'être prescrit pour le deuxième.

La formation étant achevée, le chef de bataillon commande : *Guides* ⚌ A VOS PLACES.

2. *Changement de front en arrière sur le premier peloton.*

Par cette manœuvre le bataillon *fera face à gauche*, sa droite restant appuyée au même point.

Le chef de bataillon ayant fait établir le premier peloton dans la nouvelle direction, par un mouvement *d'en arrière, à droite* — ALIGNEMENT, et placé deux jalonneurs devant la file de droite et celle de gauche, commande :

Changement de front en arrière sur le premier peloton ⚌ *bataillon, demi-tour* ⚌ A DROITE ⚌ *par peloton* ⚌ DEMI A GAUCHE ⚌ MARCHE.

Au commandement DEMI-TOUR A DROITE, tous les pelotons, excepté le premier, font demi-tour à droite. Les guides de gauche et les sergens de remplacement se portent au troisième rang, devenu premier.

A celui de *par peloton* ⚌ DEMI A GAUCHE, les chefs

de pelotons se portent derrière le centre de leur peloton, en prévenant que la *gauche* soutient et que la *droite* marche; à celui de MARCHE, les pelotons conversent à gauche à pivot fixe.

Lorsque le chef de bataillon juge que les pelotons ont suffisamment conversé, il commande :

En avant = MARCHE = *guides* = A GAUCHE.

Au commandement de MARCHE, ils cessent de converser, et se portent droit en avant, vers la nouvelle ligne de bataille; à celui de *guides* = A GAUCHE, ils prennent le tact des coudes à gauche, et le sergent de remplacement qui se trouve placé à la gauche, se conforme, pour sa direction, à ce qui a été prescrit ci-dessus.

La gauche du second peloton étant parvenue à hauteur du flanc gauche du premier peloton, déjà établi sur la ligne, son chef commande :

Tournez à gauche = MARCHE.

A ce commandement, le peloton tourne par le principe des changemens de direction du côté du guide, se porte en avant, traverse la ligne de bataille, et lorsqu'il est à la hauteur des serre-files du premier peloton, son chef commande :

Peloton = HALTE = *demi-tour* = A DROITE.

Au commandement de HALTE, le peloton s'arrête; à celui de *demi tour* = A DROITE, il fait face en tête; le guide de gauche se porte sur la direction des jalonneurs, à la hauteur de la troisième file de gauche de son peloton. Le chef se porte ensuite à la gauche du dernier homme du premier peloton, et aligne son peloton par les moyens indiqués dans les formations successives.

Tous les pelotons exécutent à leur tour, tout ce qui vient d'être prescrit pour le deuxième peloton.

Lorsque la formation est achevée, le chef de bataillon commande : *Guides* = A VOS PLACES.

3. *Changement de front en arrière sur le dernier*
peloton.

Par cette manœuvre le bataillon *fera face à droite*,
sa gauche restant appuyée au même point.

Le chef de bataillon fera établir le dernier peloton sur
la nouvelle direction, par le commandement *en arrière*,
à gauche, ALIGNEMENT, place deux jalonneurs devant
la file de droite et devant celle de gauche, et commande :

Changement de front en arrière sur le dixième
peloton = *bataillon* = *demi-tour* = A DROITE.

A ce dernier commandement, les neuf premiers pelotons font *demi-tour à droite*.

Le chef de bataillon commande ensuite :

Par peloton = DEMI A DROITE = MARCHE.

Au commandement *par peloton* = DEMI A DROITE,
les chefs des neuf premiers pelotons se portent derrière le centre de leurs pelotons, en prévenant que la
droite soutient et que la *gauche* marche, et à celui de
MARCHE, les pelotons conversent à pivot fixe ; lorsque le chef de bataillon juge qu'ils ont assez conversé, il commande :

En avant = MARCHE = GUIDES A DROITE.

Au commandement de MARCHE, les pelotons cessent
de converser et se portent droit en avant vers la nouvelle ligne de bataille.

Au commandement de *guides* A DROITE, ils prennent
le tact des coudes à droite ; les guides de gauche qui se
trouvent à la droite des pelotons et qui se sont portés
au troisième rang, devenu premier, se conforment,
pour la direction, à ce qui a été dit ci-dessus.

La *gauche* du peloton, devenue la *droite*, étant arrivée à la hauteur de la droite du peloton déjà en
ligne, le chef commande : *Tournez* A DROITE, MARCHE ;
à ce commandement, le peloton *tourne*, se porte en
avant, traverse la ligne de bataille, et est arrêté
par son chef à la hauteur des serre-files de l'autre peloton.

Le chef de peloton commande ensuite : *demi-tour*
A DROITE; à ce commandement, le peloton fait face
en tête, le guide de droite se porte dans la direction
des jalonneurs, et le chef de peloton, se portant à la
droite du peloton déjà en ligne, commande : *à gauche*
— ALIGNEMENT.

Tous les pelotons exécuteront les mêmes mouvemens.

4. *Changement de front en avant sur le dernier peloton.*

Par cette manœuvre, le bataillon *fera face à gauche*,
sa gauche restant toujours appuyée au même point.

Pour faire face à gauche sur le dernier peloton, le chef
de bataillon fait d'abord toutes les dispositions déjà prescrites, et après avoir fait faire un quart de conversion
à gauche au dernier peloton, il commande :

> *Changement de front en avant sur le dernier pe-
> loton* = *par peloton*, DEMI A GAUCHE = MARCHE.

Au commandement *par peloton*, DEMI A GAUCHE,
tous les chefs de pelotons, excepté celui du dernier,
se portent au centre de leur peloton; en prévenant que
la *gauche* soutient et que la *droite* marche; au commandement MARCHE, les pelotons conversent à gauche à pivot fixe, et lorsque le chef de bataillon juge qu'ils ont
assez conversé, il commande : *En avant* = MARCHE =
GUIDES A GAUCHE.

A ces divers commandemens, tous les pelotons exécutent ce que nous venons de détailler; les guides
suivent les mêmes moyens pour leur direction, et les
chefs de pelotons établissent leur peloton sur la ligne de
bataille, d'après les mêmes principes et par les mêmes
commandemens.

Ces quatre manœuvres étant bien comprises, il sera
facile de concevoir et d'exécuter les changemens de
front sur le centre.

5. *Changement de front sur le centre, l'aile gauche en avant.*

Par cette manœuvre, le bataillon *fera face à droite*, son centre restant au même point et ayant seulement changé de direction.

Lorsque le chef de bataillon, après avoir indiqué la direction de la nouvelle ligne de bataille, perpendiculairement à celle qu'occupe le bataillon, a établi ses deux jalonneurs, et a fait faire un quart de conversion à droite au peloton désigné (supposons le cinquième), le chef du quatrième peloton se porte à la gauche de son peloton, à la place du chef du cinquième qui a reculé au second rang, et commande : *En arrière = à gauche =* ALIGNEMENT. Son sergent de remplacement s'établit sur la ligne des deux jalonneurs à la hauteur de la première file de droite.

Le chef de bataillon, après avoir vérifié et assuré la position de ce guide, commande :

Changement de front sur le cinquième peloton, l'aile gauche en avant = pelotons de droite = DEMI-TOUR = A DROITE = *par peloton =* DEMI A DROITE = MARCHE.

Au commandement DEMI-TOUR A DROITE, les trois premiers pelotons font demi-tour à droite; à celui de *par peloton =* DEMI A DROITE, les chefs des pelotons qui ont fait demi-tour à droite, se portent derrière le centre de leur peloton, et ceux des pelotons de gauche, à deux pas devant le centre du leur, en prévenant que la droite soutient et que la gauche marche.

Au commandement de MARCHE, tous les pelotons de droite et de gauche conversent à droite à pivot fixe; et lorsque le chef de bataillon juge qu'ils ont suffisamment conversé, il commande : *En avant =* MARCHE = GUIDES A DROITE.

A ce commandement, tous les pelotons de la droite et de la gauche se portent en avant sur la nouvelle l'gne, par les moyens indiqués ci-dessus; les sergens de remplacement des pelotons de droite jalonnent la ligne, et les pelotons s'alignent à gauche : les guides de gauche des pelotons de gauche jalonnent la ligne, et ces pelotons s'alignent à droite.

La formation étant terminée, le chef de bataillon commande : *Guides* = A VOS PLACES ; à ce commandement, les guides de gauche des pelotons de gauche, les sergens de remplacement et les chefs des pelotons de droite, reprennent leur place de bataille : le chef du cinquième peloton se porte au premier rang.

6. *Changement de front sur le centre, l'aile droite en avant.*

Par cette manœuvre le bataillon *fera face à gauche*, son centre restant au même point, et ayant seulement changé de direction.

Le chef de bataillon établira sa nouvelle ligne de bataille, comme il vient d'être dit, fera faire un quart de conversion à gauche au cinquième peloton ; le chef du sixième peloton commandera : *En arrière, à droite,* ALIGNEMENT, et son guide de gauche se placera dans la direction des deux jalonneurs.

L'alignement étant assuré, le chef de bataillon commandera :

> *Changement de front sur le cinquième peloton* = *l'aile droite en avant* = *pelotons de gauche, demi-tour* = A DROITE = *par peloton* = DEMI A GAUCHE = MARCHE.

Ces manœuvres s'exécutent ainsi que nous l'avons expliqué au paragraphe précédent. Le chef de bataillon commandera ensuite : *En avant* = MARCHE = GUIDES A GAUCHE.

A ce commandement, les pelotons marchent droit devant eux ; le tact des coudes se prend à gauche, et en arrivant sur la ligne, les guides, les pelotons et les chefs s'y établissent d'après les principes et par les moyens déjà développés.

Observation.

Il est aisé de concevoir, d'après ces diverses manœuvres, que les pelotons doivent converser plus ou moins, suivant que l'angle formé par la nouvelle ligne de bataille avec l'ancienne, est plus ou moins ouvert : si cette nouvelle ligne est exactement perpendiculaire à l'ancienne, et forme avec elle un angle droit, les pelotons feront à-peu-près un demi-quart de conversion ; si l'angle est aigu, ils converseront moins ; s'il est obtus, ils converseront davantage : la régularité de ces mouvemens dépend de la justesse du coup d'œil du chef de bataillon, et de la précision avec laquelle il saisit le moment où il doit commander : *En avant* = MARCHE.

ONZIÈME LEÇON.

MANŒUVRES PAR LE FLANC DU BATAILLON.

1. *Marche de flanc.*
2. *Se former par file en avant en bataille.*
3. *Se former par file sur la droite en bataille.*
4. *Se former par file sur la gauche en bataille.*
5. *Se former en bataille par le flanc gauche.*
6. *Se former en bataille par le flanc droit.*
7. *Passage du défilé en arrière, par l'aile droite.*
8. *Passage du défilé en arrière, par l'aile gauche.*
9. *Passage du défilé en avant.*

Nous avons indiqué (1) les moyens d'assurer la direction d'une colonne qui marche par pelotons, ainsi que les différentes manières dont elles se forme en bataille. Nous allons développer les principes de la marche par le flanc, et les manœuvres par lesquelles un bataillon, ainsi disposé, peut être mis en bataille, soit en avant, soit à gauche, soit à droite.

1. *Marche par le flanc droit.*

Lorsque le chef de bataillon veut faire marcher *par le flanc droit*, il commande :

Bataillon par le flanc droit = A DROITE.

____

(1) *Voyez* pages 77 et 94, 4ᵉ et 5ᶜ Leçons.

A ce commandement, le bataillon fait *à droite*; les sergens de remplacement se placent devant le premier homme du premier rang de leur peloton, et les chefs de pelotons se portent à un pas en dehors du premier rang, à la gauche du sous officier de remplacement.

Les serre-files restent à leur place de bataille. Le guide de gauche du dernier peloton se place en-dehors du premier rang comme les chefs de pelotons; et le serre-file qui étoit derrière lui au troisième rang, se porte au premier rang.

Au commandement de MARCHE, le bataillon part vivement; le sous-officier de remplacement du premier peloton, placé à la tête du premier rang, a soin de se diriger droit devant lui, et de conserver exactement la cadence et la longueur du pas.

Les chefs de pelotons veillent à ce que les files se maintiennent exactement, et qu'elles ne s'ouvrent ni ne se serrent.

L'adjudant-major se place à la hauteur de la première file, et l'adjudant, à la hauteur du porte-drapeau; en conservant l'un et l'autre le pas de la tête de la colonne, ils le donnent ainsi au bataillon.

Marche par le flanc gauche.

Lorsque le chef de bataillon veut faire marcher par le flanc gauche, il commande :

Bataillon par le flanc gauche = A GAUCHE.

A ce commandement, le bataillon fait *à gauche*. Les chefs de pelotons se portent à un pas en dehors du premier rang, et à la hauteur de leur sergent de remplacement, qui s'est placé au premier rang.

Au commandement de MARCHE, le bataillon part vivement; le guide de gauche du dernier peloton, et qui ferme la gauche du bataillon, est, dans ce cas, chargé de le conduire : il a soin de se diriger droit devant lui, et de conserver la cadence et la longueur du pas.

L'adjudant-major et l'adjudant marchent dans la

même position que celle indiquée ci-dessus dans la marche *par le flanc droit*.

Changement de direction à droite ou à gauche.

Le bataillon marchant par le flanc droit, lorsque le chef de bataillon veut le faire changer de direction, à droite ou à gauche, il commande:

Par file à droite (ou à gauche) = MARCHE.

Si c'est *par file à droite*, au commandement de MARCHE, la première file converse *à droite*, l'homme du premier rang continuant à faire le pas de deux pieds, et l'homme du troisième décrivant un petit cercle, et raccourcissant les trois ou quatre premiers pas, pour donner le temps à l'homme du premier rang d'opérer le mouvement de conversion.

Chaque file vient successivement converser à la même place; et les hommes du premier et du troisième rang se conforment à ce qui vient d'être prescrit pour la première file.

Si c'est *par file à gauche*, au commandement de *marche*, la première file converse à gauche; l'homme du troisième rang se conforme à ce qui vient d'être prescrit pour l'homme du premier, et l'homme du premier à ce qui vient d'être dit pour celui du troisième.

Chaque file vient converser de même à la même place que celle qui la précède.

Lorsque le bataillon marche par le flanc gauche, les changemens de direction se font d'après les mêmes principes, et les hommes des premier et troisième rangs, dans chaque file, se conforment à ce qui vient d'être prescrit plus haut.

2. *Former le bataillon en avant par file en bataille.*

Le bataillon marchant par le flanc droit, si le chef de bataillon veut le former *par file en avant en bataille*, il commence par placer, dans la direction qu'il veut donner à la ligne de bataille, deux jalonneurs distans l'un de l'autre un peu moins que l'étendue du front d'un peloton, et de manière à présenter l'épaule droite au bataillon formé.

Il commande ensuite :

En avant par file en bataille ⚌ MARCHE.

A ce commandement, le sergent de remplacement se dirige de manière à venir appuyer sa poitrine contre le bras du premier jalonneur, et il s'arrête au moment où il y est arrivé; les hommes du premier rang viennent successivement, et sans presser le pas, se placer à sa gauche, par les mêmes principes que ceux du mouvement *par peloton en ligne*, développés au n° 8, et ils s'alignent à droite à mesure qu'ils arrivent sur la ligne; les hommes du second et du troisième rang se conforment au mouvement de leur chef de file; le chef du peloton placé à la droite de son peloton, en surveille l'alignement successif. A mesure que les pelotons se forment sur la ligne, les guides de gauche se portent sur la direction des deux jalonneurs, et y sont assurés par l'adjudant-major et l'adjudant.

Si le bataillon marche par le flanc gauche, le mouvement s'exécute d'après les mêmes principes, mais par les moyens inverses; les jalonneurs sont placés de manière à présenter l'épaule gauche au bataillon formé, et les alignemens se prennent à gauche (1).

Lorsque la ligne est formée, le chef de bataillon commande : *Guides* ⚌ A VOS PLACES.

3. *Former le bataillon sur la droite par file en bataille.*

Le bataillon marchant par le flanc droit, et devant se former sur la droite, par file, en bataille, le chef de bataillon, après avoir déterminé la ligne de bataille de manière à ce que les hommes, après avoir conversé, aient au moins quatre pas à faire pour s'y porter, y fait placer deux jalonneurs, ainsi qu'il vient d'être dit ci-dessus.

____

(1) Ce sont les sergens de remplacement qui, dans ce cas, jalonnent la ligue.

La tête du bataillon étant près d'arriver à la hauteur du premier jalonneur, le chef de bataillon commande :

Sur la droite par file en bataille = MARCHE.

Au commandement de MARCHE, le premier et le second rang marquent le pas ; le sergent de remplacement du premier peloton tourne *à droite*, par le principe des changemens de direction du côté du guide, continue son pas de deux pieds, et s'arrête lorsqu'il est parvenu contre le premier jalonneur. Le premier homme du premier rang continue à marcher, passe derrière le sergent de remplacement, tourne à droite dès qu'il l'a dépassé, et vient se placer à sa gauche sur la ligne de bataille : le second homme du premier rang passe de même derrière le premier, tourne à droite et vient se placer à sa gauche, et ainsi de suite : le second et le troisième rang exécutent le mouvement de la même manière que le premier, en observant, pour le second rang, de ne commencer le sien que lorsqu'il y aura trois ou quatre hommes du premier rang de formés sur la ligne ; et pour le troisième rang, de ne commencer le mouvement que lorsqu'il y aura de même trois ou quatre hommes du second rang de formés : les hommes des second et troisième rangs se placent correctement derrière leurs chefs de file, à mesure qu'ils se forment sur la ligne de bataille.

Les chefs de pelotons se placent sur la ligne en même temps que le premier homme du premier rang, immédiatement à la gauche du peloton qui le précéde, et surveillent l'alignement à mesure que les hommes arrivent sur la ligne de bataille.

Les guides de gauche, hors celui du premier peloton, se portent sur la ligne à mesure que la dernière file de leur peloton y arrive ; ils font face aux guides déjà établis, et ils sont assurés, dans cette direction, par les soins de l'adjudant-major ou de l'adjudant.

Lorsque la ligne est formée, et que le chef de bataillon a vérifié l'alignement, il commande : *guides* = A VOS PLACES.

4. *Former le bataillon sur la gauche par file en bataille.*

Le bataillon marchant par le flanc gauche, et devant se former sur la gauche par file en bataille, le chef de bataillon détermine la ligne de bataille, et y fait placer deux jalonneurs, ainsi que nous venons de le dire, mais de manière à présenter l'épaule gauche au bataillon formé.

Lorsque la tête du bataillon est près d'arriver à hauteur du premier jalonneur, le chef de bataillon commande :

Sur la gauche par file en bataille = chefs de pelotons, à votre première file de gauche.

A ce commandement, tous les chefs de peloton se portent à leur première file de gauche, et se placent à côté de l'homme du premier rang ; le guide de gauche du dernier peloton conserve sa place au premier rang.

Le chef de bataillon commande :

MARCHE.

A ce commandement, le guide de gauche tourne à gauche par le principe des changemens de direction du côté du guide, et va appuyer sa poitrine contre le bras gauche du premier jalonneur placé sur la ligne, et le mouvement s'exécute pour chaque file et pour les hommes du premier et du second rang, comme il a été expliqué plus haut ; les chefs de chaque peloton se portent sur la ligne en même temps que l'homme de leur premier rang, se placent à la droite de l'homme de droite du peloton qui les précède s'alignent sur le premier rang et surveillent l'alignement ; les guides de droite des pelotons, excepté celui du dernier, se placent sur la direction des jalonneurs, vis-à-vis la file de droite de leur peloton, à l'instant où cette file y arrive ; les alignemens se prennent à gauche.

Lorsque la formation est achevée, le chef de bataillon commande : GUIDES, A VOS PLACES.

A ce commandement, les chefs de peloton reprennent la droite de leur peloton, et les sergens de remplacement retournent à leur place de bataille.

5. *Se former en bataille par le flanc gauche.*

Le bataillon étant en marche par le flanc droit, si le chef veut le former en bataille par le flanc gauche, il commande :

Bataillon ⚊ HALTE ⚊ FRONT.

Au commandement de HALTE, le bataillon s'arrête; à celui de FRONT, il fait *front* par un à gauche; les chefs de pelotons et les sergens de remplacement rentrent à leur place de bataille. Si le chef de bataillon ne juge pas l'alignement correct, il le fera rectifier par l'un des trois moyens indiqués dans les leçons précédentes.

6. *Se former en bataille par le flanc droit.*

Le bataillon étant en marche par le flanc gauche, si le chef de bataillon veut le former en bataille par le flanc droit, il commande :

Bataillon ⚊ HALTE ⚊ FRONT.

Au commandement de HALTE, le bataillon s'arrête; à celui de FRONT, il fait *front* par un à droite; les chefs de pelotons et les sergens de remplacement se portent à leurs places de bataille.

Si le chef de bataillon juge nécessaire de rectifier l'alignement, il le fait par l'un des trois moyens indiqués dans les leçons précédentes.

7. *Passage du défilé en arrière par l'aile droite.*

Le bataillon étant en bataille, le chef suppose un défilé en arrière de l'aile gauche, et commande :

En arrière par l'aile droite, passez le défilé.

A ce commandement, le chef du premier peloton commande :

Premier peloton, par le flanc droit ⚊ A DROITE ⚊ MARCHE.

Le premier peloton fait par le *flanc droit*, et au commandement de MARCHE, la première file, après avoir conversé *à droite*, marche droit devant elle jusqu'à ce qu'elle ait dépassé de quatre pas la ligne des serre-files ; elle converse de nouveau *à droite*, et se dirige en ligne directe vers l'aile gauche : toutes les files du même peloton viennent converser successivement à la même place que la première.

Le second peloton s'ébranle à son tour au commandement de son chef, qui lui fait faire par le flanc droit, lorsque la première file du premier peloton est arrivée à sa hauteur, et fait le commandement *par file à droite* ═ MARCHE, de manière qu'il n'y ait aucun intervalle entre son peloton et le premier : toutes les files de ce peloton viennent converser à la même place.

Les pelotons suivans exécutent, chacun à leur tour, ce qui vient d'être prescrit pour le second peloton

La première file du premier peloton étant arrivée vis-à-vis le défilé, converse à gauche pour entrer dans le défilé, et toutes les files suivantes conversent à la même hauteur.

Les pelotons traversent ainsi le défilé par le flanc. Dès que la première file du premier peloton débouche, on peut la faire converser à gauche, prolonger ainsi le bataillon par le flanc, et le former en bataille par un *à gauche*; on peut aussi faire converser la première file à droite, et former le bataillon sur la droite par file en bataille ; ou bien faire former les pelotons à mesure qu'ils débouchent, faire ensuite tourner à gauche, et se former à gauche en bataille ; ou enfin les faire converser à droite, et se former sur la droite en bataille.

8. *Passage du défilé en arrière par l'aile gauche.*

On suppose le défilé en arrière de l'aile *droite*, et alors le chef de bataillon commande,

En arrière par l'aile gauche ; passez le défilé.

A ce commandement, le chef du dernier peloton commande :

Dixième peloton par le flanc gauche ═ A GAUCHE ═ MARCHE.

Le peloton fait par le *flanc gauche*, et son chef se

porte à la hauteur de la dernière file ; le mouvement s'exécute, pour ce peloton, et successivement pour les autres, comme il a été prescrit ci dessus ; et, après avoir passé le défilé, ils se forment en bataille, ou vers la droite ou vers la gauche du défilé.

9. *Passage du défilé en avant.*

Le passage du défilé en avant, par le flanc droit ou le flanc gauche du bataillon, ne peut offrir aucune difficulté quand on a bien compris la manœuvre précédente, puisqu'il se feroit d'après les mêmes principes ; aussi n'est-il pas indiqué dans l'ordonnance de 1791.

Le passage du défilé en avant, tel que le détaille l'ordonnance, est le mouvement qui s'exécute pour le passage d'un défilé placé devant le centre de la ligne de bataille, et dans lequel le peloton qui lui fait face doit s'engager le premier.

Cette manœuvre s'exécute par le front des sections ; elle fait d'ailleurs partie des évolutions de ligne, et se trouve par-là hors des limites que nous nous sommes tracées.

DOUZIÈME LEÇON.

MANŒUVRES POUR DÉFILER.

1. *Défilement ordinaire.*
2. *Défilement en tiroir.*
3. *Autre manière de défiler en tiroir.*

Il est d'usage, après les revues, ou après les manœuvres, de faire défiler les troupes devant la personne qui a passé la revue, ou qui a fait exécuter sous ses ordres les manœuvres.

Nous allons d'abord indiquer ce qui est prescrit à cet égard par l'ordonnance, et nous developperons ensuite deux manières de défiler, qui n'y sont pas expliquées, mais qui sont quelquefois mises en pratique lorsque le terrain le permet ; on les appelle *défilement en tiroir.*

1. *Défilement ordinaire.*

Lorsque l'on veut faire défiler, le commandant en chef après avoir fait rompre par peloton ou par division, à droite ou à gauche, commande :

POUR DÉFILER.

A ce commandement, les sapeurs, les tambours et les musiciens de chaque légion se portent à la tête de leur légion.

Le commandant en chef met ensuite la colonne en marche au pas ordinaire ou au pas accéléré (c'est presque toujours *au pas ordinaire*); il fait prendre la direction et les guides du côté de la personne à laquelle on rend les honneurs ; et indique, à cet effet, *guides à droite*, ou *guides à gauche*.

Les legions prennent en marchant environ quarante pas d'intervalle de l'une à l'autre, et les bataillons de chaque légion, environ vingt pas.

Les chefs de légion défilent à la tête de leur légion, quatre pas en avant du chef du premier peloton ou de la première division, et ayant le chef du premier bataillon à leur gauche, si la personne à laquelle on rend les honneurs est placée *à droite*, et *à droite*, si elle est placée *à gauche*.

L'officier payeur de la légion, ainsi que le capitaine rapporteur et le secrétaire du conseil supérieur de discipline de la légion défilent sur le même rang, et à gauche ou à droite du chef de bataillon, suivant le côté de la direction.

Chaque chef de bataillon défile à quatre pas en avant du chef du premier peloton de son bataillon, ayant à sa gauche ou à sa droite l'officier rapporteur, et le secrétaire du conseil de discipline du bataillon.

L'adjudant-major défile à la hauteur et à six pas en dehors du premier peloton, et l'adjudant, à la hauteur et à six pas en dehors du dernier peloton, mais l'un et l'autre du côté opposé à celui de la direction.

Lorsque la tête de la colonne est arrivée à cinquante pas de la personne devant laquelle on défile, le chef du premier bataillon lui fait porter les armes, la musique commence à jouer; et lorsque les tambours et les musiciens ont défilé, le tambour-major les place en dehors de la colonne et en face de la personne à laquelle on rend les honneurs; la musique continue à jouer jusqu'à ce que le dernier peloton de la légion ait défilé; alors elle cesse de jouer, et prend, ainsi que les tambours, la queue de la légion.

Tous les bataillons portent les armes au commandement de leur chef, à mesure qu'ils arrivent à cinquante pas de la personne devant laquelle on défile.

Dès que la musique de la première légion a cessé de jouer, celle de la légion qui suit commence, et les tambours et les musiciens, après avoir défilé, vont se placer et se former à leur tour, ainsi qu'il vient d'être dit pour la première légion: il en est de même pour toutes les autres.

Les chefs de pelotons défilent à deux pas devant le centre de leur peloton; tous les autres officiers et sous-officiers défilent aux places qui leur ont été indiquées dans la marche en colonne.

Les chefs de pelotons et les officiers supérieurs effacent un peu l'épaule du côté où est placée la personne devant laquelle on défile; ils portent l'épée, la poignée dans la main droite, en avant de la hanche droite; la lame dans la main gauche, la pointe dépassant de quatre doigts le pouce de la main gauche, qui est alongé sur la lame; le coude gauche plié, l'avant-bras un peu en avant, la main gauche vis-à-vis et à quatre pouces plus bas que l'épaule gauche.

Si l'on défile devant l'Empereur, les officiers supérieurs, et les chefs de pelotons seulemens, saluent de l'épée; ce salut se fait de la manière suivante:

1°. Elever l'épée perpendiculairement, la lame vis-à-vis l'œil droit, la garde à la hauteur du teton droit, le coude appuyé au corps.

2°. Baisser brusquement la lame en étendant le bras, de manière que la main droite soit placée à côté de la cuisse droite ; rester dans cette position jusqu'à ce que l'on ait dépassé de deux pas la personne que l'on salue.

3°. Relever l'épée vivement, la tenant comme au premier temps ci-dessus.

4°. Porter l'épée, remettre la lame dans la main gauche.

En défilant devant l'Empereur, les porte drapeaux saluent : à cet effet, sans déranger la direction du corps, ni déplacer le talon du drapeau, qui doit être fixé contre la hanche droite, ils baissent doucement la lance ou l'aigle jusqu'à six pouces de terre, et lorsqu'ils ont dépassé de deux pas, ils la relèvent de même doucement.

2. *Première manière de défiler en tiroir.*

La colonne étant formée *par divisions*, la droite en tête, on commence par serrer ou en masse, ou à demi-distance, ou à distance de sections.

On fait faire ensuite la contre-marche par les deux ailes, ainsi qu'il a été expliqué 8ᵉ Leçon, n° 2.

Ces premières dispositions faites, le commandant en chef commande :

Pour défiler la droite en tête — ouvrez les divisions.

A ce commandement, le chef de la première division, qui se trouve à la queue de la colonne, puisque, par la contre-marche, la gauche est en tête, prévient sa division de ne pas bouger.

On commande ensuite :

Pelotons impairs = par le flanc droit, pelotons pairs = par le flanc gauche = A DROITE ET A GAUCHE.

Au commandement A DROITE ET A GAUCHE, les pelotons impairs font par *le flanc droit*, et les pelotons pairs par *le flanc gauche* ; les chefs de divisions se portent à la hauteur et à la gauche de leur sergent de remplacement , et les chefs des pelotons pairs à la hauteur et à la droite de leur guide de gauche. Les sergens de remplacement des pelotons pairs se portent au premier rang , à la place de leur chef.

Au commandement de *pas accéléré* ⸗ MARCHE , fait par le commandant en chef , les pelotons impairs conduits par les sergens de remplacement , et les pelotons pairs conduits par les guides de gauche, se portent en avant : les chefs des pelotons ne bougent pas , et les laissent filer. Lorsque les dernières files les ont dépassés , ils commandent : HALTE ⸗ FRONT ⸗ *à droite* ou *à gauche* ⸗ ALIGNEMENT. A ce commandement , les pelotons s'arrêtent , font front , s'alignent sur leur chef , les pelotons impairs *à gauche* , et les pelotons pairs *à droite* ; et les chefs , après avoir commandé FIXE , se portent au centre de leur peloton.

Par cette manœuvre , le front de la première division, qui n'a pas bougé , se trouve entièrement démasqué.

Le commandant commande ensuite :

> *Tête de colonne en avant, pour défiler : guides à gauche* (ou *guides à droite*) , *pas accéléré* (ou *ordinaire*) , MARCHE.

A ce commandement, la 1ʳᵉ division se met en marche. Dès l'instant qu'elle a dépassé la 2ᵉ division, les chefs des deux pelotons de cette division commandent ; celui du peloton impair, *oblique à gauche,* ou *par le flanc gauche;* celui du peloton pair, *oblique à droite* , ou *par le flanc droit* ; et lorsque les deux pelotons sont près de se réunir , le chef du peloton impair, se porte à deux pas en avant du centre de la division ; le chef du peloton pair, se met en ligne à la droite de son peloton , et son sergent de remplacement reprend sa place au troisième rang. Lorsque le chef de cette division juge que la distance est entière , il commande : *en avant* ⸗ MARCHE, en répétant l'indication du guide.

Les divisions suivantes agissent de même à mesure qu'elles sont démasquées.

Tout ce qui vient d'être prescrit dans le premier paragraphe, sur la manière dont les légions et les bataillons défilent devant la personne à laquelle on rend les honneurs, trouve ici son application.

3. *Deuxième manière de défiler en tiroir.*

La colonne, par divisions, étant serrée *à demi-distance*, la gauche en tête, on commandera de même, pour défiler, la droite en tête — *ouvrez les divisions.*

Pelotons impairs, par le flanc droit ; pelotons pairs, par le flanc gauche = DROITE = GAUCHE.

Tous les pelotons, excepté les deux premiers, qui forment la première division, exécutent ce commandement ; les chefs des pelotons impairs se portent à la droite de leurs pelotons, et ceux des pelotons pairs à la gauche des leurs. Les sergens de remplacement des pelotons pairs et les guides de gauche des pelotons impairs, ne suivent pas le mouvement, et restent face en tête.

On commande ensuite :

> *Pelotons impairs, par file à gauche ; pelotons pairs, par file à droite* = MARCHE.

A ce commandement, les pelotons font par file *à droite* et par file *à gauche*, en tournant derrière les sous-officiers de remplacement et les guides qui ne bougent pas.

Lorsque la dernière file de gauche des pelotons impairs est arrivée à la hauteur du sergent de remplacement, le chef qui a laissé filer son peloton, commande : HALTE = FRONT. A ce commandement, le peloton s'arrête, fait *front* ; l'homme de gauche du premier rang vient appuyer sa poitrine contre le bras droit du sergent de remplacement, et le chef de peloton, placé à la gauche du dernier homme, commande :

> *A gauche* = ALIGNEMENT :

Dans les pelotons pairs, le mouvement s'exécute de

même et par les mêmes commandemens , excepté que l'alignement se commande et se prend à droite.

Lorsque les deux lignes sont formées et alignées , le commandant en chef commande :

Guides ⸗ A VOS PLACES.

A ce commandement , les sergens de remplacement et les chefs des pelotons impairs reprennent , ainsi que les guides de gauche des pelotons pairs , leur place de bataille.

La première division se trouvant entièrement démasquée , est mise en marche par les commandemens indiqués ci-dessus : dès qu'elle a dépassé les deux pelotons de la deuxième division , le chef du peloton impair se porte au centre de son peloton et commande, *par peloton* ⸗ A DROITE , MARCHE ; celui du peloton pair , qui s'est porté , aussi , au centre du sien , commande : *par peloton* ⸗ A GAUCHE , MARCHE. Chaque peloton exécute ce commandement ; et au moment où les deux pelotons se rejoignent , le chef du peloton pair reprend sa place en ligne, le guide de gauche du peloton impair passe en serre-file , et le chef de ce peloton, placé à deux pas devant le centre de la division , lorsqu'il juge sa distance entière , commande : *division en avant — guide à droite* (ou *à gauche*) — MARCHE.

Ce mouvement s'exécute de même par tous les pelotons , à mesure que la division qui les précède les a dépassés.

Il est aisé de voir que , dans la première manœuvre , les divisions défilent entre deux colonnes, et que, dans la seconde , elles défilent entre deux haies, et qu'il faut pour celle-ci un terrain beaucoup plus étendu.

TREIZIEME ET DERNIÈRE LEÇON.

OBJETS DIVERS.

1. *Composition du détachement chargé d'aller chercher ou reconduire le drapeau.*
2. *Honneurs rendus au drapeau.*
3. *Honneurs rendus par le drapeau.*
4. *Messe militaire.*
5. *Honneurs funèbres.*
6. *Intonation des commandemens.*
7. *Règles générales pour les commandemens.*

Nous croyons ne pouvoir mieux terminer la tâche que nous nous sommes imposée, qu'en indiquant des objets du service militaire dont quelques-uns ne sont pas détaillés dans l'ordonnance de 1791, mais dont la connoissance est nécessaire, et trouve souvent son application.

1. *Composition du détachement du drapeau.*

Le détachement est formé d'une compagnie entière, ou de grenadiers ou de chasseurs, ou au moins de cinquante hommes commandés par un capitaine et un lieutenant. Il est formé par sections, ayant à sa tête le tambour-major, les tambours du bataillon dont il fait partie, et la musique : le porte-drapeau se place entre les deux sections.

Dans cet ordre, le détachement allant chercher le drapeau, marche l'arme au bras, sans bruit de caisse ni de musique ; arrivé au lieu où est déposé le drapeau, il se forme en bataille devant la porte, les tambours et la musique à la droite.

Dès qu'il est en bataille, l'officier chargé de porter le drapeau, va le prendre, accompagné du lieutenant et d'un sergent.

Lorsque le porte-drapeau sort avec le drapeau, suivi du lieutenant et du sergent, il s'arrête devant la porte ; le commandant du détachement fait présenter les armes et battre *aux drapeaux;* il salue de l'épée.

Après quelques reprises, le commandant du détachement fait cesser de battre; il fait ensuite porter les armes et rompre par section; le porte-drapeau va se placer entre les deux sections; le lieutenant et le sergent reprennent leur place.

Le commandant met ensuite le détachement en marche, et les tambours battent.

2. *Honneurs rendus au drapeau.*

A l'arrivée du drapeau, le chef de légion fait porter les armes; les tambours du détachement cessent de battre, et vont, ainsi que le détachement, reprendre leurs places, en passant derrière la ligne de bataille : les chefs de bataillon se placent à six pas en avant du centre de leur bataillon.

Le porte-drapeau file au pas accéléré, à dix pas devant le front de la troupe, s'arrête au centre du bataillon dont il fait partie et lui fait face.

Le chef de légion fait présenter les armes, les tambours battent *aux drapeaux,* et il salue de l'épée; le porte-drapeau fait à la troupe le salut du drapeau, et va prendre sa place de bataille; le chef de légion fait porter les armes.

Lorsque le drapeau quitte la légion, on rend les mêmes honneurs, et il est reconduit, avec un détachement, dans l'ordre prescrit ci-dessus, tambours battant.

3. *Honneurs rendus par le drapeau.*

Dans les villes où les cérémonies ont lieu hors des églises, les drapeaux saluent le Saint-Sacrement, lorsqu'il passe devant une troupe assemblée.

Les drapeaux saluent aussi l'empereur, les princes de la famille impériale, les princes grands dignitaires de l'empire, les ministres et les maréchaux.

4. *Messe militaire.*

Pendant la messe, l'autel est gardé par deux factionnaires placés, l'un à la droite, et l'autre à la gauche, regardant le prêtre qui officie. Ils y sont posés, ainsi que ceux qui garnissent le sanctuaire, par un sous-oficiers qui se place à cinq ou six pas au bas des marches de l'autel et derrière le prêtre.

On porte les armes du moment où l'officiant monte à l'autel, et on les repose au signal du sous-officier.

A l'instant de l'élévation, le sous-officier prévient, par un signe, les factionnaires : il donne un léger coup de crosse sur le pavé, et les factionnaires portent l'arme; à un second coup, ils présentent l'arme; à un troisième coup, ils mettent un genou en terre, portent la main droite à la coiffure et inclinent la tête. Le sous-officier, après avoir fait exécuter ces mouvemens, prend lui-même cette position, et lorsqu'il voit que l'élévation est achevée, il se relève, fait présenter, porter et reposer les armes par les signaux indiqués ci-dessus.

Pendant l'élévation, les tambours battent aux champs.

Les mêmes mouvemens s'exécutent, lorsque le prêtre donne la bénédiction à la fin de la messe, et le sous-officier commence les signaux au moment de l'*Ite missa est.*

La fin de la messe est annoncée par un roulement très-court.

Tout ce qui est prescrit ici, pour les factionnaires placés dans le sanctuaire, s'applique aux troupes qui pourroient être placées en armes dans l'église; mais alors les mouvemens d'armes sont commandés par le commandant du détachement ou par l'adjudant-major; par respect pour le lieu et la cérémonie, on a soin de ne pas donner trop d'éclat à la voix.

5. *Honneurs funèbres.*

Les détachemens sont fournis en raison du grade de celui auquel on rend les honneurs funèbres.

Pour le chef de légion, la légion entière avec son drapeau;

Pour le major, la moitié de la légion;

Pour un chef de bataillon, un bataillon;

Pour un capitaine, sa compagnie;

Pour un lieutenant ou sous-lieutenant, la moitié de la compagnie.

Les coins du poêle sont portés par quatre officiers du même grade que celui du défunt.

Les officiers ont le crêpe au bras et à l'épée.

Les caisses des tambours sont couvertes d'un voile noir.

Pendant la marche du convoi, le détachement marche en haie à la droite et à la gauche du corbillard, les sous-officiers et soldats ayant l'arme sous le bras gauche, les tambours battant la marche funèbre.

Dans l'église, le détachement fournit les factionnaires qui doivent garnir le sanctuaire, et le reste se dispose à droite et à gauche du corps.

A l'élévation, et à la fin de la messe, les mouvemens d'armes sont commandés par le chef du détachement.

Lorsqu'il doit être fait des décharges de mousqueterie au cimetière, il s'en fait d'abord une par *feu de peloton*, au moment où l'on descend le corps dans la fosse; une seconde, et de la même manière, lorsque le corps est recouvert; ensuite la troupe défile, et chaque homme, en défilant, abaisse le bout du fusil et fait feu sur la fosse.

6. *Intonations des Commandemens.*

Le ton de commandement doit être toujours animé, et d'une étendue de voix proportionnée au nombre d'hommes qui doivent exécuter le commandement.

Il y a deux sortes de commandemens; celui d'avertissement, et celui d'exécution. Le premier, qui est indiqué par des lettres italiques, doit être prononcé distinctement et dans le haut de la voix, en alongeant un peu la dernière syllabe, et le second qui est distingué par des lettres majuscules , doit être prononcé d'un ton ferme et bref.

Les commandemens dont l'énonciation est séparée par des tirets , doivent être coupés de même en les prononçant , et l'intervalle du commandement d'avertissement à celui d'exécution, doit être à-peu-près d'une seconde.

7. *Règles générales pour les commandemens.*

Lorsque tous les bataillons de la ligne doivent exécuter un même mouvement, le commandant en chef fait au bataillon le plus près de lui , les commandemens généraux relatifs à ce mouvement, ils sont répétés aussitôt par le chef de ce bataillon.

Chaque chef de bataillon doit toujours , à moins d'ordres contraires , répéter avec la plus grande rapidité , tous les commandemens généraux qu'il entend faire au bataillon le plus près de lui , soit à droite soit à gauche , selon le côté d'où part le commandement

Les chefs de bataillon ayant répété ainsi les commandemens généraux , commandent et font exécuter aussitôt après , et sans se régler les uns sur les autres , les mouvemens préparatoires qui doivent précéder dans leur bataillon, l'exécution du mouvement général ; les chefs de légions veillent à la prompte exécution de ces mouvemens préparatoires , et à ce que les chefs de bataillon ne commettent pas d'erreur à cet égard.

Le commandant en chef fait toujours le commandement qui doit déterminer l'exécution du mouvement général.

Dans le cas où un chef de bataillon n'auroit pas entendu le commandement général , il feroit exécuter le même mouvement qu'il verroit faire au bataillon immédiatement voisin.

En colonne la répétition des commandemens a lieu d'après les mêmes principes.

TROISIÈME PARTIE.

INSTRUCTION

SUR

LE SERVICE DES POSTES,

DES RONDES ET DES PATROUILLES.

ARTICLE PREMIER.

De la Parade et de la manière dont on la fait défiler.

1. *Objet de la parade.*
2. *Troupes qui la composent.*
3. *Arrivée et disposition des troupes sur la place;*
4. *Devoirs de l'officier d'état-major.*
5. *Défilement de la parade.*
6. *Distribution des postes.*
7. *Poste des Tuileries.*

1. *Objet de la Parade.*

LA parade se compose de la réunion sur une place consacrée à cet objet (place d'armes), de tous les postes ou des principaux postes d'une ville.

Dans les villes de guerre, la garde nationale doit se conformer, à cet égard, à l'ordre de la place; mais nous allons indiquer ce qui se pratique à Paris, d'après les ordres du général en chef.

2. *Troupes qui composent la parade.*

Indépendamment du service de police que les douze légions font tous les jours dans leurs arrondissemens respectifs, elles fournissent encore, chacune à leur tour, c'est-à-dire, tous les douze jours, le service extraordinaire.

Ce service extraordinaire est fourni en entier par la même légion : il se compose des postes d'honneur : *les Tuileries, l'État-major général de la Garde nationale, l'Hôtel-de-Ville, la Maison d'Arrêt, les Établissemens publics*, etc., etc.

3. *Arrivée et disposition des troupes sur la place.*

Ces postes, d'abord réunis au lieu du rassemblement général de la légion, sont conduits à l'heure indiquée, sapeurs, tambours et musique en tête, par l'adjudant-major de la légion, sur la place indiquée, (c'est en ce moment la place Vendôme).

Lorsque la troupe est arrivée sur la place, elle y est mise en bataille par les soins de son adjudant-major, qui la fait *reposer sur les armes*, ou lui fait *mettre l'arme au bras;* il va ensuite prévenir l'officier d'état-major chargé de faire défiler la parade, et lui en remet le commandement.

4. *Devoirs de l'officier d'état-major.*

L'officier d'état-major s'avance devant le front de la parade, fait faire *un roulement* et *porter les armes;* aligne la troupe et fait mettre *l'arme au bras*. Il fait ensuite battre l'ordre, et fait l'appel des adjudans de service. L'ordre se donne ainsi qu'il est expliqué pag. 170, art. II, n° 3.

5. *Défilement de la parade.*

Lorsque l'ordre est donné, les adjudans-major venus à l'ordre, et les officiers de la légion de service, qui doivent se trouver en grande tenue à la parade, se placent en face de la troupe, à la distance déterminée.

L'officier d'état-major fait faire un nouveau *roulement*; fait porter les armes, rectifier l'alignement et rompre par peloton; il met la colonne en marche, et elle défile devant le corps d'officiers.

6. *Distribution des postes.*

Lorsque la parade est arrivée à l'extrémité de la place, l'adjudant-major de la légion reprend le commandement de la troupe, fait faire HALTE, et envoie les différens postes, chacun à leur destination, sous la conduite de leur chef respectif.

7. *Poste des Tuileries.*

Le poste du palais des Tuileries est conduit, sapeurs, tambours et musique en tête, jusques dans la cour du palais par l'adjudant-major de la légion, qui n'en remet le commandement aux officiers de service, que quand il est rangé en bataille à la gauche de la garde descendante.

ARTICLE II.

De l'ordre et du mot d'ordre.

1. *De l'ordre.*
2. *Du mot d'ordre.*
3. *Manière dont le mot d'ordre se donne au cercle.*

1. *De l'ordre.*

L'ordre est le détail du service, soit ordinaire, soit extraordinaire, pendant les vingt-quatre heures; il porte l'indication des légions, bataillons ou compagnies qui doivent le fournir, et la désignation des officiers supérieurs, de ronde ou de service à l'état-major.

2. *Du mot d'ordre.*

Le mot d'ordre se renouvelle tous les jours et sert de reconnoissance ou de ralliement entre les troupes, dans les rencontres et dans les rondes.

Le mot d'ordre se divise en deux parties : *le mot d'ordre* et *celui de ralliement :* deux noms, l'un d'homme, l'autre de ville, forment le *mot d'ordre : le ralliement* est un seul nom substantif. Pour faciliter la mémoire, on a soin ordinairement de choisir trois mots commençant par la même lettre : exemple, PIERRE, PARIS (*mot d'ordre*); PATIENCE, *ralliement.*

3. *De la manière de donner le mot d'ordre.*

Dans certaines villes l'ordre se donne par un officier d'état-major, au moment de la parade; mais ordinairement, et surtout dans les villes sur pied de guerre, ou de garnison, il se donne au moment de la retraite.

A Paris, le mot d'ordre se donne le matin, lorsque la parade est assemblée et avant qu'elle ait défilé; il est reçu par un adjudant-major de bataillon de chacune des douze légions.

L'officier d'état-major de service fait battre *à l'ordre* (cette batterie se compose de trois petits roulemens interrompus, chacun par un coup de baguette). Après ce-signal, il fait l'appel des adjudans-majors, officiers ou sous-officiers chargés de le recevoir, suivant l'ordre des numéros des légions, de bataillons, ou de compagnies, et commande : *A droite et à gauche* = FORMEZ LE CERCLE.

Il se place au centre et donne le mot, en se découvrant, ainsi que tous ceux qui sont au cercle, en commençant par la droite; alors, de la droite à la gauche, chacun le transmet à l'oreille et à voix basse, à la personne qui est à sa gauche; et la dernière qui le reçoit le rend à l'officier d'état-major, qui, si le mot lui est rendu correctement, commande : ROMPEZ LE CERCLE; dans le cas contraire, il le donne de nouveau, en commençant toujours par la droite.

Aussitôt que l'on forme le cercle pour donner le mot d'ordre, on place en dehors du cercle un certain nombre d'hommes, qui font face en arrière et présentent les armes, afin d'empêcher que personne puisse approcher et entendre le mot.

Le mot d'ordre est porté ou envoyé par les adjudans-majors de bataillon, à tous les officiers de ronde et de service pendant la nuit, ainsi qu'aux chefs des différens postes.

ARTICLE III.

Des Postes.

1. *Manière de relever les postes.*
2. *Disposition de la troupe hors du corps-de-garde.*
3. *Ce que doivent faire les chefs et caporaux de la garde montante et de la garde descendante.*
4. *Départ de la garde descendante.*
5. *Rentrée de la garde montante au corps-de-garde.*

1. *Manière de relever les postes.*

Lorsque la nouvelle garde approche du poste qu'elle doit relever, l'officier ou sous-officier qui la commande doit faire porter les armes et battre aux champs.

L'officier ou sous-officier qui commande l'ancienne garde fait prendre les armes, au cri de la sentinelle placée devant les armes, et qui doit crier, *aux armes,* dès qu'elle entend ou qu'elle aperçoit la nouvelle garde; il dispose sa troupe de manière qu'elle laisse à sa gauche assez de terrain pour que la nouvelle garde puisse s'y former, fait porter les armes et battre aux champs. Si le terrain ne permet pas à la garde montante de se former à la gauche de la garde descendante, celle-ci se place en face du corps-de garde, à une distance telle, que la nouvelle garde ait la facilité de se ranger entre elle et le corps-de-garde.

8*

2. *Disposition de la troupe hors du corps-de-garde.*

Les gardes de six à douze hommes se forment en haie, sur un rang; celles de douze à dix-huit, sur deux rangs; et celles de dix-huit et au-dessus, sur trois rangs. L'officier commandant le poste se place à deux pas en avant, au centre de sa garde, les sergens à droite, les caporaux à gauche ou en serre-file.

Lorsque le poste est commandé par un sous-officier, il se place toujours à la droite de la garde; le tambour est aussi à la droite, à deux pas de distance.

Dans quelque circonstance qu'une garde sorte du corps-de-garde, avec armes ou sans armes, elle se dispose toujours de même.

3. *Ce que doivent faire les chefs et caporaux de la garde montante et ceux de la garde descendante.*

Les commandans des deux gardes, après avoir fait mettre l'arme au bras à leurs troupes, s'avancent l'un vers l'autre; et celui de la garde descendante donne à celui de la garde montante tous les renseignemens relatifs au service du poste.

Le caporal, ou l'un des caporaux de la nouvelle garde (*le caporal de consigne*, *voy.* p. 181, art. 6, n° 3), va prendre possession du corps-de-garde; il visite, conjointement avec celui de la garde descendante, les effets mobiliers. Il en constate le nombre et l'état, sur le livret destiné à cet usage.

Pendant cette opération des caporaux de consigne, le commandant de la garde montante fait l'inspection des armes; et s'il y a des petits postes détachés, il les fait partir.

Le caporal *de pose* fait l'appel des hommes qui doivent être mis les premiers en faction, les fait mettre sur un rang, en avant et en face de la garde montante; les numérote, les présente au chef du poste, qui en passe l'inspection, et va avec le caporal de la garde descendante, qui a fait la dernière pose, relever les sentinelles, suivant l'ordre indiqué (pag. 182, art. 6, nᵒ 7).

Les consignes générales et particulières du poste sont par écrit, collées sur une planche et déposées dans le corps-de-garde de l'officier : les chefs de postes et les caporaux se les consignent successivement l'un à l'autre.

4. *Départ de la garde descendante.*

Lorsque les petits postes détachés sont rentrés, ainsi que les sentinelles, et placés dans les rangs, les commandans des deux gardes font porter les armes, et celui de la garde descendante met la sienne en marche, par le commandement *en avant* ═ MARCHE : les tambours battent aux champs.

Lorsque la garde est à quelques pas du poste, le commandant fait faire HALTE et remettre la baïonnette ; s'il doit reconduire la garde descendante, soit au quartier, soit sur une place désignée, il fait porter l'arme au bras et la met en marche par le flanc et au pas de route ; dans le cas contraire, il fait *présenter les armes, faire haut les armes*, et *rompre les rangs* (1).

5. *Rentrée de la garde montante, au corps-de-garde.*

Après le départ de la garde descendante, le chef du poste fait faire *demi-tour à droite*, ensuite *présenter les armes, haut les armes*, et a soin que la troupe, en entrant dans le corps-de-garde, place ses armes au ratelier par division.

---

(1) Dans le cas où la troupe seroit conduite, après la descente de la garde, dans son arrondissement, le tambour ne doit pas battre la caisse.

ARTICLE IV.

Devoirs de l'officier de garde.

1. *Ordre et discipline intérieurs.*
2. *Surveillance extérieure.*
3. *Ce qu'il doit faire à l'alerte du bruit.*
4. *Ce qu'il doit faire à l'alerte du feu.*
5. *Ce qu'il doit faire à l'alerte des honneurs.*
6. *Reconnaissance des rondes supérieures.*
7. *Devoirs de police.*

1. *Ordre et discipline intérieurs.*

L'officier commandant un poste est chargé de surveiller le service ainsi que l'exécution des consignes générales et particulières, et de s'y conformer lui-même.

Il maintient l'ordre dans son poste; il prend les mesures nécessaires, pour que personne ne s'absente sans permission, et que chacun y revienne aux heures prescrites, de manière que pendant le jour, il y ait toujours, indépendamment des sentinelles, au moins la moitié des hommes présens.

Il emploie tous les moyens convenables, pour se faire obéir, il doit rendre compte, dans son rapport, des fautes commises contre le bon ordre ou la discipline, et indiquer le nom des hommes qui se sont rendus coupables de quelque infraction.

Lorsque la garde descendante est partie, et que les hommes sont entrés au corps-de-garde, son premier devoir est de faire faire par son sergent, la liste des hommes présens, en indiquant avec soin leurs noms, le numéro de leur bataillon et celui de leur compagnie.

Cette liste, comparée à la feuille d'appel des sergens-majors, sert à constater l'absence des hommes qui ne se sont pas présentés.

Après avoir fait cette liste, il instruit les sous-officiers et caporaux sous ses ordres, de ce qu'ils ont à faire, en raison de la consigne ; il partage entre eux le service, de manière qu'il pèse également sur tous.

Il détermine, d'accord avec les hommes de sa garde, les heures auxquelles chacun doit aller prendre ses repas, et rentrer au poste, soit pour les factions, soit pour laisser aux autres la faculté de s'absenter à leur tour. Suivant la force de sa garde, il doit avoir le soin de la partager en deux, trois ou quatre divisions ou escouades, de manière qu'en cas d'alerte, il puisse d'abord envoyer la première, puis la seconde, puis la troisième, et conserver toujours quelques hommes à son poste.

Il surveille la manière dont le caporal partage les factions entre tous les hommes de garde, en sorte que chacun ait à faire un nombre égal d'heures de faction, soit de nuit, soit de jour.

Il doit faire faire des appels assez fréquens, pour s'assurer de l'exactitude des hommes sous ses ordres, et pouvoir ensuite indiquer, dans son rapport, ceux qui ont été inexacts ou qui se seroient absentés sans permission : c'est surtout au commencement de la nuit que les appels sont nécessaires.

Il doit aussi consigner, dans son rapport, les noms des gardes nationaux qui ont manqué à leurs devoirs, ou à la subordination, afin que les conseils de discipline puissent prononcer contre eux, les peines portées par les réglemens ; il peut dans le cas de plainte grave contre une sentinelle, la faire relever par le caporal de pose, sauf à en rendre compte ensuite, et la faire punir s'il y a lieu.

Le chef du poste fait l'inspection des *poses*, au moment où elles sortent du corps-de-garde, afin de s'assurer que les armes sont en bon état.

Il peut, lorsque le local et le temps le permettent, faire sortir sa garde pour l'exercer au maniement des armes.

Il ne doit pas s'absenter de son poste ; mais lorsqu'il est forcé de le faire, il prévient le sous-officier sous ses ordres et indique le moment de son retour, ainsi que le lieu où il est.

2. *Surveillance extérieure.*

Il doit, dès le commencement de sa garde, aller visiter les sentinelles, afin de connoître les lieux où elles sont placées; il peut même, dans cette visite, se faire accompagner par le caporal de pose, pour s'assurer que les consignes ont été bien données et bien comprises.

S'il survient quelque changement dans les consignes, soit de jour, soit de nuit, le chef du poste doit aller avec le caporal de pose, faire indiquer, en sa présence, les changemens ou les additions ordonnés.

3. *Ce qu'il doit faire à l'alerte du bruit.*

A l'alerte du bruit (*A la garde!*) il veille à ce que la division, désignée première à marcher, prenne promptement les armes, et se porte, sous la conduite du sergent ou du caporal, vers l'endroit où le bruit a lieu.

4. *Ce qu'il doit faire à l'alerte du feu.*

A l'alerte du feu (*Au feu!*) il envoie sur-le-champ un caporal et plusieurs hommes; si le feu est considérable, l'officier, sur l'avis du caporal, fait partir un plus grand nombre d'hommes pour empêcher le désordre, faciliter les premiers secours, et ne laisser approcher, que ceux qui apportent les choses nécessaires pour arrêter l'incendie.

Il envoie en même temps prévenir le commandant de la place, et ne fait rentrer ses hommes à son poste, que lorsque les détachemens de la garnison ou des réserves sont arrivés.

5. *Ce qu'il doit faire à l'alerte des honneurs.*

A l'alerte des honneurs (*Aux armes!*) après avoir

disposé sa troupe, il fait rendre les honneurs ainsi qu'il suit :

Au Saint-Sacrement, il fait battre *aux champs*, *présenter les armes*, mettre *un genou en terre*, la main droite au chapeau, la tête inclinée, lui debout, la pointe de l'épée baissée et la main gauche au chapeau, le tambour bat aux champs pendant que la troupe reçoit la bénédiction ; il fournit deux hommes d'escorte qui se placent aux deux côtés du dais, *l'arme dans le bras droit*, et suivent le Saint-Sacrement jusqu'au poste prochain ou jusqu'à l'église (1).

A l'Empereur, il fait présenter les armes, et battre *aux champs*.

Aux troupes armées, il fait *porter les armes* et battre *aux champs*, si la troupe qui passe, marche elle-même l'arme portée, tambour battant ; sinon la troupe reste l'arme au bras, et le tambour ne bat pas.

Aux autorités marchant en cortége, il fait *porter les armes* ; le tambour bat *aux champs* ou *rappelle*, suivant le degré de prééminence du corps qui marche.

6. *Reconnoissance des rondes.*

Lorsque la sentinelle qui est devant les armes, crie : *Hors la garde !* le chef du poste est averti par le caporal ; il fait prendre les armes à sa troupe, la fait sortir et la dispose dans l'ordre prescrit pag. 172, article III, n° 2.

La nuit, lorsque *la ronde de commandant*, ou *la ronde major*, se présente, l'officier fait sortir sa garde en armes, et la dispose dans l'ordre ordinaire, l'arme reposée.

Il fait reconnoître de nouveau la ronde par le caporal de consigne, et si c'est la ronde de commandant, il s'avance à dix pas, éclairé par le caporal et

______

(1) Cet article ne peut trouver son application que dans les villes où les cérémonies extérieures du culte catholique ne sont pas interdites.

8**

escorté par quatre hommes qui font haut les armes et le suivent à deux pas ; il met la main droite sur la garde de son épée, crie : *Avance à l'ordre !* et donne le mot ; il rend ensuite compte de ce qui peut être arrivé, fait signer l'officier de ronde sur la feuille destinée à ce sujet, et lui fournit une nouvelle escorte.

Pour recevoir la ronde major, le commandant du poste n'est escorté que de deux fusiliers, et ne fait que deux pas en avant ; si le major fait une seconde ronde, elle n'est la seconde fois reçue, que comme une simple ronde, par le caporal, et donne le mot au lieu de le recevoir.

L'officier ne fait fournir d'escorte qu'aux rondes du commandant ou à la ronde major, et ne donne qu'un soldat, porteur du falot, aux officiers de ronde.

7. *Devoirs de police.*

Il surveille la sortie des patrouilles aux heures indiquées ; il prescrit, d'après les consignes, le chemin ou les rues qu'elles doivent parcourir, donne aux chefs de patrouilles les ordres, les renseignemens et les instructions convenables ; au retour, il se fait rendre compte, et consigne les rapports particuliers, dans le rapport général qui doit être envoyé dans la matinée à l'état-major.

L'officier de garde reçoit les plaintes des habitans, envoie la force armée toutes les fois qu'elle est requise, soit par les particuliers, soit par les officiers d'état-major de service, soit par les magistrats préposés à la sûreté publique.

La garde ne doit jamais pénétrer de son propre mouvement, dans une maison habitée ; il faut qu'elle en soit requise par les habitans de la maison, ou qu'elle y soit autorisée par le magistrat chargé de la police.

Lorsque la garde ou une patrouille arrête quelqu'un, elle doit le mener d'abord au corps-de-garde, et l'officier du poste doit, si c'est un particulier, le faire con-

duire chez le commissaire de police, et si c'est un militaire, le faire remettre à l'autorité militaire.

Le chef du poste doit rendre un compte exact, dans
son rapport, de tout ce qui s'est passé de remarquable
pendant la durée de sa garde ; il doit dire si la garde
a été appelée, et pour quels motifs elle l'a été, et rendre
compte de ce qui est résulté. Ce rapport est adressé le
matin à l'état-major de la légion.

ARTICLE V.

Devoirs des sergens de garde.

1. *Sergent commandant de poste.*
2. *Sergent de garde sous les ordres d'un officier.*

1. *Sergent commandant de poste.*

Les devoirs du sergent de garde, lorsqu'il commande
un poste, sont absolument les mêmes que ceux de l'officier : ainsi nous renvoyons pour cet objet à ce qui
vient d'être dit des devoirs de l'officier de garde.

2. *Sergent de garde sous les ordres d'un officier.*

Lorsqu'il y a un ou plusieurs sergens dans un poste
commandé par un ou plusieurs officiers, ils sont entièrement sous leurs ordres, et spécialement chargés de
la surveillance des caporaux ; ce sont eux qui doivent,
d'après les ordres de l'officier, former les listes des pré-
seus, établir par écrit l'ordre et l'heure des factions de
chacun, et veiller à ce que les caporaux ne fassent ni
passe-droit ni oubli. Ils font les appels aux heures indiquées par l'officier ; ils font des rondes pour s'assurer
de la vigilance et de l'exactitude des sentinelles.

En cas d'alerte, ils peuvent être envoyés à la tête
d'une escouade pour prêter main-forte, mettre le holà,
et concourir au maintien de l'ordre et de la sûreté publique.

En l'absence de l'officier, ils le remplacent et prennent provisoirement les mesures convenables ; lorsque la garde prend les armes, ils se placent à la droite.

Dans les rondes, ils portent eux-mêmes leurs falots, et donnent *le mot* dans les postes où ils se présentent.

ARTICLE VI.

Devoirs des caporaux de garde.

1. *Devoirs des caporaux de garde.*
2. *Comment on les désigne.*
3. *Caporal de consigne.*
4. *Reconnoissance des rondes ou des patrouilles.*
5. *Caporal de pose.*
6. *Comment il réunit la pose.*
7. *Comment il relève les sentinelles.*
8. *Sa surveillance.*
9. *Caporal commandant le poste.*

1. *Devoirs des Caporaux de garde.*

Les caporaux sont chargés de tous les détails du service pendent la durée de la garde :

1°, De la vérification et de la surveillance des effets du corps-de-garde, qui sont remis par la garde descendante ;

2°. De la pose des factionnaires ;

3°. De la reconnoissance des rondes et des patrouilles ;

4°. De la conduite des patrouilles ;

5°. D'aller chercher le *mot d'ordre* dans les villes où il se donne le soir, au cercle, sur la place.

2. *Comment on les désigne.*

Lorsqu'il y a plusieurs caporaux dans un poste, on es désigne, l'un pour être *caporal de consigne*, l'autre pour être *caporal de pose.*

3. *Caporal de consigne.*

Lorsqu'il y a plusieurs caporaux dans un poste, celui qui est chargé de la vérification et de la surveillance des effets du corps-de-garde, s'appelle *caporal de consigne.*

C'est lui qui est chargé de reconnoître les rondes et les patrouilles ; c'est ordinairement lui qui va le soir au cercle prendre le mot d'ordre.

4. *Reconaissance des rondes et des patrouilles.*

Lorsqu'une ronde se présente devant le poste, la sentinelle, aussitôt qu'elle l'aperçoit, crie comme il est dit page 187, art. 7, nº 4.

Lorsque la ronde a répondu, et qu'elle s'est désignée, comme il est dit au même article, la sentinelle crie : *Halte là ! caporal, hors la garde ; ronde de commandant ou ronde major.*

Le caporal de consigne prévient l'officier du poste, prend le falot, éclaire l'officier, et crie de nouveau sur la ronde : *Qui vive?*

Pour plus de régularité, le caporal, après avoir crié : *Qui vive?* doit aller reconnoître la ronde, en recevoir le mot de *ralliement,* et appeler ensuite l'officier, en annonçant, que le ralliement est bon.

Lorsque c'est une simple ronde d'officier, ou de sergent, elle est reconnue par le caporal, qui, à l'avertissement de la sentinelle, sort du corps-de-garde, éclairé par un soldat et escorté de deux hommes, et crie : *Qui vive? Avance qui a l'ordre* ; présente ses armes, et reçoit le mot d'ordre.

Si le mot n'est pas bon, il fait arrêter celui qui fait la ronde.

Le caporal de consigne reconnoît les patrouilles par les mêmes moyens que les rondes, excepté qu'il ne se fait point éclairer, et qu'il est escorté par quatre hommes.

Il s'avance jusques à la sentinelle, commande à son

escorte *haut les armes*, crie : *Qui vive* = *avance qui a l'ordre*, reçoit le *mot d'ordre*.

Si le mot n'est pas bon, il fait arrêter la patrouille ; si le mot est bon, il laisse la patrouille continuer sa tournée, après toutefois avoir fait signer au chef la feuille destinée à cet objet.

Le caporal de consigne fournit aux officiers de ronde, un soldat pour porter le falot : dans la garde nationale ce sont les tambours qui sont chargés de cette corvée.

C'est ordinairement le caporal de consigne qui, le matin, porte le rapport à l'état-major (1).

5. *Caporal de pose.*

Le caporal, chargé de placer et de relever les sentinelles, s'appelle *caporal de pose.*

Il a soin, soit de nuit, soit de jour, d'appeler à l'avance, les hommes qui doivent aller en faction, de manière que la pose parte ponctuellement à l'heure, et que les factionnaires soient relevés exactement.

6. *Comment il réunit* la pose.

Lorsqu'il a rassemblé les hommes de la *pose*, il en fait l'appel, et les dispose par ordre de numéros, de manière que les premiers numéros soient en tête du peloton : il les soumet ensuite à l'inspection du chef de poste. Il a soin de prendre toujours les factionnaires dans les différentes divisions du poste, de manière qu'elles restent toujours égales entre elles.

7. *Comment il relève les sentinelles.*

La sentinelle de devant les armes est relevée la première, et rentre au corps-de-garde.

Le caporal va ensuite relever les autres factionnaires, en commençant par le plus éloigné ; il conduit son peloton en ordre, en silence, et l'arme portée : il a lui-même l'arme dans le bras droit. Lorsque la pose est longue, les hommes ont l'arme au bras.

---

(1) Les tambours sont chargés de porter le rapport à l'état-major général et d'un tirer un reçu.

A dix pas de la sentinelle qu'il va relever, il commande : *peloton* = HALTE ; appelle le numéro qui doit être posé : l'homme appelé se détache, et va se placer à la gauche de l'ancienne sentinelle.

Le caporal commande *à droite et à gauche* : DROITE, GAUCHE : *présentez* ARMES. Au premier commandement, les deux hommes se font face ; au second, ils se présentent les armes : l'ancienne sentinelle transmet la consigne à la nouvelle ; le caporal l'écoute avec soin, la rétablit, ou la rectifie, s'il y a lieu, et s'assure qu'elle a été bien comprise.

La consigne étant donnée, la caporal commande : *Portez* = ARMES. *En avant* = MARCHE. Au premier commandement, les deux sentinelles portent les armes ; au second, celle qui vient d'être relevée suit le caporal jusques au peloton, et s'y place à la gauche.

Lorsqu'elle y est placée, le caporal commande *en avant* = MARCHE ; et continue de même jusques à la fin de la pose.

8. *Sa surveillance.*

En posant les sentinelles, le caporal doit examiner si les fenêtres des guérites ne sont pas bouchées ; si l'on n'y a pas apporté des pierres pour s'y asseoir.

Pendant la nuit, il répond au *qui vive* des sentinelles, par, *caporal de pose.*

En rentrant au corps-de-garde il doit présenter au chef du poste les sentinelles qu'il vient de relever ; et s'il a observé quelque chose dans sa tournée, il en rend compte exactement.

Si quelque factionnaire crie : *Caporal, hors de garde,* il doit aller vers la sentinelle, qui a donné cette alerte, la relever, s'il y a lieu, et rendre compte au chef du poste.

9. *Caporal commandant le poste.*

Lorsqu'un caporal commande un poste, il remplit les

devoirs imposés dans les articles précédens aux officiers et sergens de garde.

S'il y a plusieurs factionnaires à poser, il peut en charger un des hommes de sa garde, qui alors devient *caporal postiche.*

S'il n'y a que la sentinelle de devant les armes, il la pose lui-même.

Il reconnoît toujours lui-même les rondes et les patrouilles pour n'avoir pas à confier le mot d'ordre.

Le caporal *postiche* est chargé de porter les rapports du matin.

ARTICLE VII.

Des sentinelles.

1. *Devoirs des sentinelles.*
2. *A qui et comment elles rendent les honneurs.*
3. *Alertes : comment et dans quels cas donnent l'alerte les sentinelles.*
4. *Devoirs des sentinelles relativement aux rondes et aux patrouilles.*

1. *Devoirs des sentinelles.*

Les sentinelles doivent écouter, avec le plus grand soin, la consigne qui leur est transmise par celles qu'elles relèvent; elles doivent s'en pénétrer et l'exécuter ponctuellement.

Elles ne doivent pas perdre de vue, que c'est de leur vigilance, que dépendent souvent le maintien de l'ordre, la tranquillité publique, ainsi que la sûreté des individus et des propriétés.

La sentinelle qui oublie ses devoirs, ou les néglige, est d'autant plus répréhensible, qu'elle est responsable envers la société des délits commis par sa faute, ou par sa négligence.

Elles ne doivent jamais recevoir de nouvelles consignes que des caporaux de leur postes, ni se laisser relever par d'autres que par eux.

Elles doivent toujours avoir la baïonnette au bout du fusil; elles ne quittent jamais leurs armes, pas même dans leur guérite, mais elles peuvent les porter à volonté, ou se reposer dessus; elles ne doivent jamais ni s'asseoir, ni lire, ni chanter, ni fumer, ni causer sans nécessité, ni s'écarter, en se promenant, à plus de trente pas de leur poste.

Elles ne doivent laisser faire ni ordure, ni dégradation aux environs de leur poste.

Les sentinelles ne doivent jamais se laisser approcher pendant la nuit; à cet effet, elles peuvent faire passer les allans et les venans du côté opposé à celui où elles sont placées.

Lorsque la nuit est fermée, les sentinelles, à moins de consigne contraire, doivent crier *qui vive* sur tous les passans, et ne laisser passer personne qu'on n'ait répondu à ce cri.

Dans certaines circonstances, dans certaines villes, ou sur les remparts des places fortes, les sentinelles, après avoir crié trois fois, *qui vive*, doivent, si elles n'ont pas obtenu de réponse, et que l'on continue à avancer vers elle, crier: *Halte-là!* préparer leurs armes et avertir qu'elles vont *faire feu*; si, malgré cet avis, on cherche à les forcer, elles font feu et appellent la garde.

Les sentinelles présentent les armes la nuit, lorsqu'il passe une ronde ou une patrouille; mais, dans ce cas, en présentant les armes, elles se mettent en défense, et ce n'est point un honneur qu'elles sont censées rendre; si la ronde ou la patrouille passe derrière elles, elles présentent de même les armes, mais sans se retourner.

A la porte des magasins à poudre, les sentinelles déposent leurs armes dans leur guérite, et ne font usage que de leur sabre, de leur baïonnette ou d'une hallebarde.

Les sentinelles doivent faire arrêter toute personne, de quelque qualité qu'elle soit, qui se permettroit de les insulter ou de les frapper.

Ce n'est qu'à leur corps défendant, et dans des cas graves, qu'elles peuvent user de voies de fait, et qu'elles sont excusables de l'avoir fait.

Une sentinelle qui manque à ses devoirs, ou qui insulte elle-même un citoyen ou un militaire, ou qui use de voies de fait sans provocation, ou commet, pendant sa faction, quelque action repréhensible, peut être relevée sur-le-champ, par l'ordre du chef de poste, pour être punie, s'il y a lieu.

2. *A qui et comment elles rendent les honneurs.*

Les sentinelles font *face en tête*, et portent les armes aux officiers de quelque grade et de quelque corps qu'ils soient, aux personnes décorées d'un des ordres reconnus en France.

Elles présentent les armes aux ministres, aux pairs de France, aux conseillers d'état ; aux grands cordons de la légion d'honneur, aux archevêques et évêques, aux généraux.

Elles présentent aussi les armes au colonel et à tous les officiers supérieurs de leur corps.

Elles présentent aussi les armes au colonel et à tous les officiers supérieurs de leur corps.

Ces divers honneurs ne se rendent que de jour.

Lorsque la personne à laquelle une sentinelle doit les honneurs passe derrière elle, elle porte ou présente les armes, sans se retourner.

3. *Alertes; comment et dans quels cas les sentinelles donnent l'alerte.*

Les factionnaires doivent être très-vigilans et observer avec soin tout ce qui se passe autour d'eux, où à la portée de leur poste, pour pouvoir donner, en cas de besoin, les alertes convenues.

Ces alertes sont :
L'alerte du bruit (*à la garde ;*)
L'alerte du feu (*au feu ;*)
L'alerte des honneurs (*aux armes.*)

Ces diverses alertes passent de sentinelle en sentinelle, jusqu'à celle de devant les armes.

La première a lieu lorsque la sentinelle aperçoit ou entend une querelle à la portée de son poste ;

La deuxième, lorsqu'elle aperçoit le feu se manifester quelque part ;

La troisième, lorsqu'elle aperçoit le Saint-Sacrement, l'Empereur, une troupe armée, ou le cortège de quelqu'autorité constituée.

La sentinelle de devant les armes a deux autres alertes :

Caporal, hors la garde ;

Caporal, hors de garde.

La première a lieu lorsque la troupe doit sortir, avec ou sans armes, pour recevoir une visite de poste ou une ronde d'officier.

La seconde a lieu lorsqu'une des sentinelles éloignées du poste a crié, et que le caporal doit sortir seul pour voir ce qui se passe, ou qu'il doit venir reconnoître une ronde d'officier ou de sous-officier.

4. *Devoirs des sentinelles relativement aux rondes et aux patrouilles.*

Les sentinelles crient *qui vive* aux rondes et aux patrouilles ; après la réponse, elles les laissent passer, présentent leurs armes pour se mettre en défense, et disent : *Rien de nouveau.*

Lorsque la sentinelle de devant les armes aperçoit une ronde ou un patrouille, elle crie : *Qui vive ?* sur la réponse : *Ronde de commandant* ou *ronde major*, elle crie : *Caporal, hors la garde, ronde de commandant* ou *ronde major* (1).

Sur la réponse : *Ronde d'officier*, ou *de sergent*, ou *patrouille*, la sentinelle crie : *Caporal, hors de garde, venez reconnoître ronde* ou *patrouille*.

ARTICLE VIII.

Des rondes.

1. *Leurs espèces et leur objet.*
2. *Ce qu'elles doivent faire dans leur tournée.*
3. *Reconnoissance d'une autre ronde, ou d'une patrouille.*

1. *Leurs espèces et leur objet.*

La ronde, qui s'appelle *visite de poste* pendant le jour est un moyen de surveillance exercé sur les postes et sur les sentinelles.

Les rondes d'officier et de sergent ont lieu, pour s'assurer que les sentinelles sont à leur poste, et sur le *qui vive.*

Les rondes de commandant, et les rondes majors sont destinées à reconnoître si les chefs de poste font placer régulièrement les sentinelles aux lieux indiqués, et si tous les postes ont le *mot d'ordre* ; c'est par cette dernière raison que les rondes de commandant ou les rondes majors, lorsqu'elles se présentent à un poste, reçoivent le *mot d'ordre*, tandis que toutes les autres le donnent pour se faire reconnoître.

2. *Ce qu'elles doivent faire dans leur tournée.*

Les rondes de quelque espèce qu'elles soient, sont

---

(1) Par une décision de S. Ex. M. le général commandant la garde nationale, les rondes d'officiers d'état-major ne sont reconnues que comme rondes d'officiers.

toujours éclairées ; le commandant du poste où passe la ronde, lui fournit un soldat, porteur de falot, et de plus une escorte, si c'est une *ronde de commandant ou une ronde major* ; ces hommes sont remplacés au poste suivant.

Les sous-officiers, dans leurs rondes, portent leurs falots eux-mêmes.

Si les rondes aperçoivent, dans leur tournée, quelque chose qui intéresse la sûreté publique, ou qui puisse troubler le bon ordre, elles doivent avertir le poste le plus prochain.

3. *Reconnoissance d'une autre ronde ou d'une patrouille.*

Quand deux rondes se rencontrent, la première, qui en découvre une autre, crie : *Qui vive ?* celle-ci répond : *Ronde*, en indiquant de quel grade ; la première crie de nouveau : *Halte là !* AVANCE A L'ORDRE. Les deux hommes de ronde s'avancent l'un vers l'autre, la main droite sur la garde de leur épée, si ce sont des officiers, ou en présentant leurs armes pour se mettre en défense, si ce sont des sous-officiers, et quand ils se sont joints, c'est la ronde du grade le moins élevé qui donne le *premier mot* ; à égalité de grade, c'est la première qui a crié qui reçoit le mot ; comme elle doivent se reconnoître toutes deux, celle qui a reçu le *premier mot*, rend le *second*, ou bien encore celle qui a crié donne le mot de ralliement et reçoit le mot d'ordre.

Dans tous les cas, les rondes de commandant, ou les rondes majors, reçoivent le mot.

Dans les rencontres et aux postes, le mot se donne et se reçoit la *tête couverte, la main sur la garde de l'épée* ou *l'arme présentée.*

Si la ronde rencontre une patrouille, elle doit la reconnoître et s'en faire reconnoître par les mêmes moyens que les rondes se reconnoissent entre elles ; elles doivent aussi se rendre mutuellement compte de ce qu'elles pourroient avoir observé de nouveau dans leur trajet.

Dans ce cas, comme dans tous les autres, la ronde de commandant, ou la ronde major, reçoit le mot en entier.

ARTICLE IX ET DERNIER.

Des patrouilles.

1. *Par qui elles sont commandées.*
2. *Comment elles reconnoissent les rondes.*
3. *Comment elles se reconnoissent entre elles.*
4. *Comment elles sont reçues dans les postes.*
5. *Leurs devoirs.*

1. *Par qui commandées.*

Une patrouille est un guet de jour ou de nuit, (mais plus ordinairement de nuit), composé de quatre ou de six, ou d'un plus grand nombre d'hommes.

Elle est ordinairement commandée par un caporal; elle l'est quelquefois par un sergent, ou même, dans des cas extraordinaires, par un officier.

Nous ne nous occuperons ici que des patrouilles ordinaires, commandées par des caporaux.

2. *Comment elles reconnoissent les rondes.*

Lorsqu'une patrouille rencontre une ronde de commandant, ou une ronde major, le caporal qui la commande doit, soit que la ronde ait crié la première, soit que ce soit lui, donner le mot d'ordre, et rendre compte de ce qu'il aura vu ou appris dans sa tournée.

Le caporal, s'il aperçoit la ronde le premier, doit crier *qui vive ?* Sur la réponse : *Ronde major*, ou *ronde de commandant*, ou *ronde d'officier*, il crie : *Halte là !* Il arrête en même temps sa patrouille, et s'avançant au moins à quatre pas, suivi de deux des siens qui font *haut les armes*, il crie : *Avance à l'ordre !* L'officier de ronde s'avance en mettant la main droite sur la garde de son épée, et reçoit les deux mots d'ordre.

Le caporal fait *porter les armes* à ses deux hommes, laisse passer la ronde et continue sa route.

3. *Comment elles se reconnoissent entre elles.*

Quand deux patrouilles se rencontrent, celle qui découvre l'autre, crie : *Qui vive ?* celui-ci répond : *Patrouille*, en indiquant de quel poste elle fait partie. Le premier caporal, crie : *Halte là! avance qui a l'ordre* : à ce cri, les deux patrouilles s'arrêtent, les deux caporaux s'avancent l'un vers l'autre, suivis chacun de deux hommes, qui font *haut les armes*, et *présentent* eux-mêmes *les armes* pour se mettre en défense ; le caporal qui a crié le premier, reçoit de l'autre le premier *mot d'ordre* et lui rend le second.

Si l'un des mots donnés ou rendus n'est pas le véritable, la patrouille qui a donné le faux mot doit être arrêtée par l'autre et conduite au poste le plus voisin.

4. *Comment elles sont reçues dans les postes.*

Lorsqu'une patrouille passe devant un poste, elle est arrêtée par la sentinelle; le chef donne le mot entier au caporal, sorti pour la reconnoître ; et signe sur la feuille destinée à cet usage, en y indiquant l'heure de son arrivée, le nombre d'hommes dont sa patrouille est composée, et le poste auquel elle appartient.

5. *Leurs devoirs.*

Elles doivent porter secours, en cas de feu, et faire prévenir au poste le plus voisin.

En cas de rixe ou de bruit, il est de leur devoir de s'y porter, de prêter main-forte, d'arrêter les querelleurs, si le cas l'exige, et de les conduire au corps-de-garde le plus prochain.

Le caporal de patrouille doit faire marcher sa troupe en silence, au pas ordinaire, l'arme au bras; avoir l'œil et l'oreille au guet; arrêter de temps en temps pour écouter.

Les patrouilles doivent arrêter les gens suspects, ceux qui la nuit, transportent des paquets, etc.

Elles doivent suivre exactement l'itinéraire qui leur est prescrit, passer par les postes désignés, s'y inscrire, et rendre compte de tout ce qu'elles ont vu.

En rentrant, les caporaux font leur rapport au chef de poste, et celui-ci doit en faire mention dans le sien.

FIN.

TABLE

DES MATIÈRES.

PREMIERE PARTIE.

PREMIERE LEÇON.

DEUXIEME LEÇON.

TROISIEME LEÇON.

QUATRIEME LEÇON.

CINQUIEME LEÇON.

Principes du port d'armes et des charges.

SIXIEME LEÇON.

Position des trois rangs dans les feux.

SEPTIEME LEÇON.

Feux.

HUITIEME LEÇON.

Maniement des armes.

NEUVIEME LEÇON.

DIXIEME LEÇON.

Maniement de l'épée et du drapeau.

DEUXIEME PARTIE.

PREMIERE LEÇON.

*Formation et composition d'un peloton, d'un bataillon
et d'une légion.*

DEUXIEME LEÇON.

Manœuvres du bataillon en ligne.

TROISIEME LEÇON.

*Moyens de passer de l'ordre en bataille à l'ordre en
colonne.*

SIXIEME LEÇON.

Ploiement du bataillon en colonne serrée.

SEPTIEME LEÇON.

Marche de la colonne serrée.

HUITIEME LEÇON.

Contre-marches.

NEUVIEME LEÇON.

Déploiement des colonnes serrées.

DIXIEME LEÇON.

Changemens de front.   139

TROISIÈME PARTIE.

Service intérieur.

ARTICLE PREMIER.

De la parade et de la manière de la faire défiler.

ARTICLE II.

De l'ordre et du mot d'ordre.

ARTICLE III.

Des postes.

ARTICLE IV.

Devoirs de l'officier de garde.

ARTICLE V.

Devoirs des sergens de garde.

ARTICLE VI.

Devoirs des caporaux de garde.

ARTICLE VII.

Des sentinelles.

ARTICLE VIII.

Des rondes.

ARTICLE IX.

Des Patrouilles.

Fin de la Table des matières.

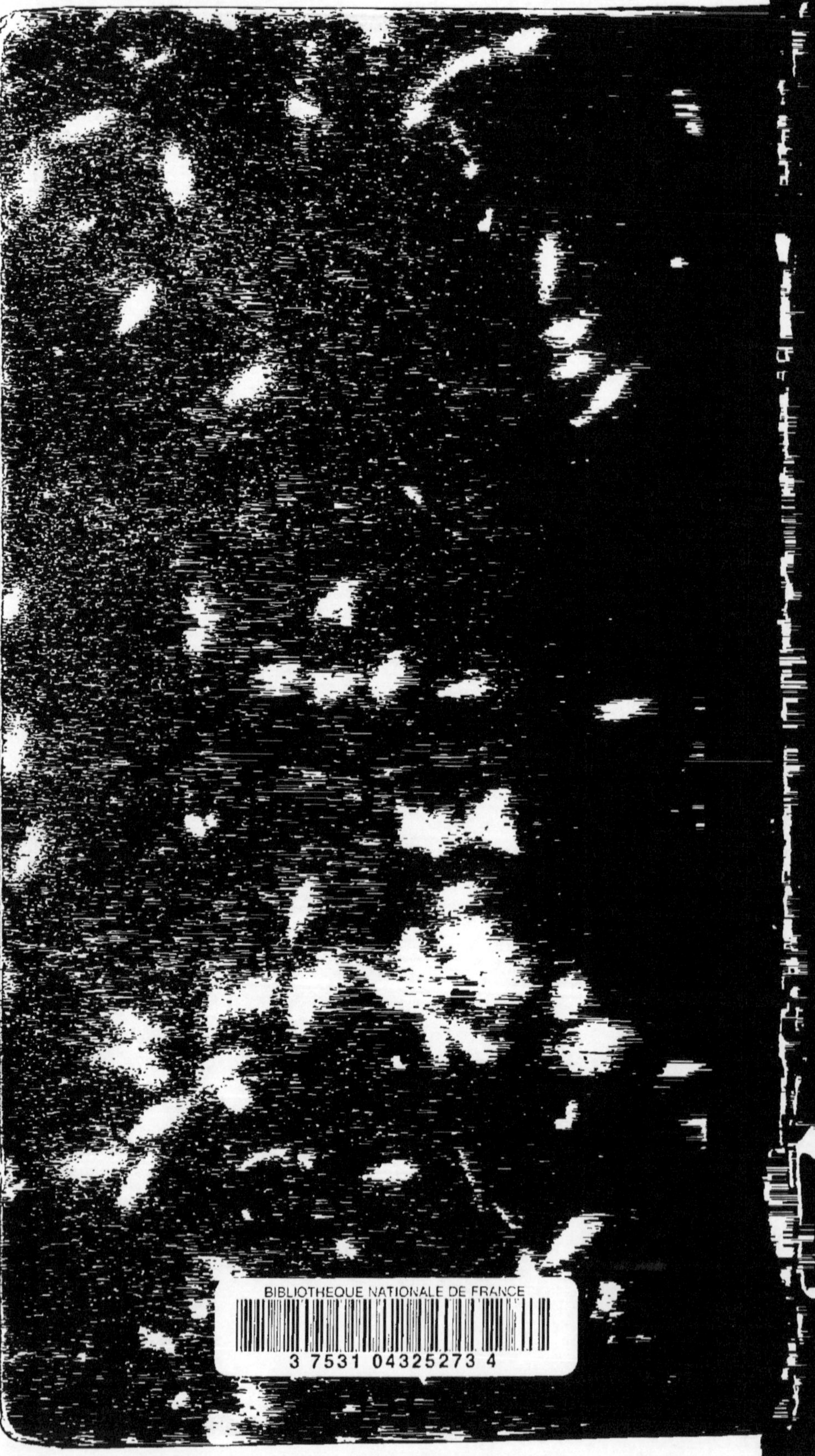

BIBLIOTHEQUE NATIONALE DE FRANCE
3 7531 04325273 4

www.ingramcontent.com/pod-product-compliance
Ingram Content Group UK Ltd.
Pitfield, Milton Keynes, MK11 3LW, UK
UKHW021923070726
13614UKWH00001B/213